QUELQUES ASPECTS SOCIOÉCONOMIQUES DE 10 ANS DE GOUVERNANCE DE MACKY SALL

Directeur de publication
Pr Benoît TINE

REVUE INTERNATIONALE DES SCIENCES ÉCONOMIQUES ET SOCIALES (RISES)

N° 3, DÉCEMBRE 2022

Revue annuelle à comité de lecture international

Numéro coordonné par
Dr Serigne Momar Sarr

QUELQUES ASPECTS SOCIOÉCONOMIQUES DE 10 ANS DE GOUVERNANCE DE MACKY SALL

Sénégal
L'Harmattan

10 VDN, Sicap Amitié 3, Lotissement Cité Police, DAKAR

senharmattan@gmail.com
senlibrairie@gmail.com

ISBN : 978-2-14-032584-7
EAN : 9782140325847

La *Revue internationale des sciences économiques et sociales* est la revue scientifique du Laboratoire de recherche en sciences économiques et sociales de l'Université Assane Seck de Ziguinchor (Sénégal). Elle offre un espace de dialogue entre plusieurs disciplines et paradigmes et publie exclusivement des articles inédits. Paraissant une fois par an, aussi bien en format papier qu'en version numérique, elle bénéficie d'un comité scientifique international. Les textes envoyés pour publication dans la revue sont soumis à une instruction en *peer review*.

Directeur du Laboratoire de Recherche en Sciences Économiques et Sociales (LARSES) :
Pr Paul DIEDHIOU

Directeur de publication de la Revue Internationale de Recherche en Sciences Économiques et Sociales (RISES) :
Pr Benoît TINE

Coordonnateur de ce numéro 3:
Dr Serigne Momar SARR

Numéro ISSN : 2730-4485
Numéro ISBN : 978-2-14-032584-7
N°3, décembre 2022

Adresse électronique de contact : rises@univ-zig.sn

Sommaire

Avant-propos

La *Revue internationale des sciences économiques et sociales (RISES)* du *Laboratoire de recherche en sciences économiques et sociales* (LARSES) de l'Université Assane Seck de Ziguinchor (UASZ) -Sénégal, poursuit son rythme annuel de publication. Elle vise à maintenir une cohérence entre les contributions et la ligne éditoriale. C'est pourquoi, tel que son nom l'indique, les aspects économiques et sociaux tiennent une place de choix dans son orientation et ses finalités. Étant entendu que « le social » est englobant et complexe, les problématiques abordées ne se réduisent pas exclusivement à une discipline donnée mais à l'intégralité des sciences sociales. Les contributions pour ce troisième numéro portent sur une réalité donnée, à savoir la gouvernance du président Macky Sall depuis son accession au pouvoir, le 25 mars 2012. Dix années de gouvernance charrient, de notre point de vue, une échelle de temps considérable pour soumettre à une critique scientifique les *permanences* et les *ruptures* des choix politiques.

Les analyses attendues sont nécessairement inscrites dans la longue ou moyenne durée où l'inscription dans le système politique sénégalais et la gestion publique sont des lieux communs qui donnent sens aux dits choix politiques, certes en fonction des défis structurels, des projets de société et des contingences. Dans les interstices de ces temporalités sociales et politiques se glisse l'idée d'une *perspective* d'autant plus que tout mandat électif connait un terme mais déborde son cadre pour des mandats à venir, qu'il ait alternance politique ou non. C'est pourquoi d'ailleurs, beaucoup d'aspects documentés par nos contributeurs ressassent les expériences de développement du Sénégal, au moins depuis l'épisode des Programmes d'ajustement structurel (PAS). Les problématisations sur la politique sociale de l'actuel régime ressortiraient des conséquences des choix passés qui sont souvent, voire toujours, prégnants sur le cours des évènements ultérieurs. Lorsque Abdoulaye Wade arriva au pouvoir le 19 mars 2000, sa gouvernance libérale a été sous l'emprise d'une gestion des conséquences sociales de la paupérisation en dépit de l'ambition de croissance accélérée et de l'émergence. La gouvernance du Président Abdoulaye Wade étant largement documentée par une littérature qui fait foi sous l'œil avisé de Momar Coumba Diop, on peut voir comment ses formes et ses contours agissent sur l'actuelle gouvernance, d'autant plus que le président Macky Sall sort de ses flancs et prit activement partie de son déroulement et probablement de ses effets.

Comme on le sait, Macky Sall est au pouvoir, à la faveur de la deuxième alternance politique qu'a connue le Sénégal, le 25 mars 2012. Cette alternance a représenté un deuxième « séisme politique » dans l'histoire du Sénégal eu égard aux conditions particulières dans lesquelles elle s'est déroulée. On peut notamment penser à la volonté farouche de son prédécesseur de se maintenir au pouvoir en dépit des critiques sur la constitutionnalité du troisième mandat. Sall a ainsi évincé du pouvoir Wade son « père politique » dont il a été l'homme de confiance au point d'occuper plusieurs postes de responsabilités à ses côtés (Décembre 2000 - juillet 2001 : Directeur général de la Société des pétroles du Sénégal (PETROSEN) ; Mai 2001 - 2003 : Ministre des Mines, de l'Énergie et de l'Hydraulique ; 22 Août 2003 - 21 avril 2004 : Ministre d'État, Ministre de l'Intérieur et des collectivités locales, Porte-parole du Gouvernement ; 21 Avril 2004 - 19 juin 2007 : Premier Ministre ; 20 Juin 2007 - 09 novembre 2008 président de l'Assemblée nationale) avant qu'il ne crée son parti politique, l'Alliance pour la République (APR), le 1er décembre 2008. Réélu le 24 février 2019 au premier tour, aujourd'hui, les controverses autour d'une 3eme candidature de Macky Sall pour un éventuel 3eme mandat taraudent les esprits, avec son « *ni-oui ni-non* » avoué face à l'interpellation sur ses intentions, malgré le vécu collectif passé sur cette question avec Abdoulaye Wade à partir de 2011, le Référendum de 2016 et ses affirmations même de s'en tenir à deux mandats. Nonobstant ces remous, le président jouit d'une certaine notoriété au niveau régional, continental et international. En effet, en 2015, le président Macky Sall a assuré la présidence en exercice de la Communauté Économique des États de l'Afrique de l'Ouest (CEDEAO) jusqu'au 4 juin 2016. Depuis février 2022, il est le président en exercice de l'Union Africaine (UA). Macky Sall a eu des positions remarquées à la tribune des Nations unies sur les droits de tirages spéciaux, le changement climatique, la réforme du Conseil de sécurité, les droits de l'Homme, la gestion de la COVID-19… Une voix qui porte, une voie qui tient ! Une voix et une voie qui peuvent compter.

Même si le jeu démocratique et l'équilibre social peuvent être en souffrance dans un pays présenté comme une exception africaine, l'objectif de ce présent numéro spécial thématique est de documenter les permanences et les ruptures dans la gouvernance socioéconomique du président Macky Sall au Sénégal, en plus de constituer une invite pour la compréhension du *social* placé au cœur de la fin du mandat en cours, une « année sociale » décrétée pour 2023, juste avant l'échéance fatidique de février 2024. L'annonce est certes forte mais le social n'en est pas à sa première audience avec Macky Sall. En effet, l'axe stratégique n°2 du PSE porte le sceau du social avec comme finalité d'« améliorer significativement le capital humain, les conditions de vie des populations et réduire les inégalités sociales ». Par ailleurs, la pandémie de la COVID-19 est révélatrice de la fragilité des économies et de la nécessité de la solidarité nationale. Lorsque la capitale Dakar apparait comme *la* ville la plus chère de l'Afrique de l'Ouest, le problème demeure entier et va crescendo, corrélé aux logements et aux transports. Des exemples sont encore nombreux. Eu égard à toutes ces considérations, Macky Sall souhaite-t-il donner un nouvel élan au *social* ou se rend-il compte que la quête d'une croissance économique record l'a dévié de ses objectifs sociaux, malgré les nombreux dispositifs mis en place ?

Lors du dernier remaniement ministériel le 17 septembre 2022, la formation d'un nouveau Gouvernement, avec à la clé le retour du poste de Premier ministre supprimé après la réélection de Macky Sall, le 28 février 2019, le combat contre la vie chère est décidé. Pour autant, son programme politique pour l'élection présidentielle de février 2012 était intitulé *Yonnu Yokkute* (Chemin du développement (croissance ?), comme pour prendre conscience de la « souffrance » des sénégalais et chercher à les mettre en ordre de développement. La promesse de « la gouvernance sobre et vertueuse » et l'engagement à privilégier « la patrie avant le parti » étaient aussi autant des slogans phares mais qui, après coup, sont à l'épreuve de la reddition des comptes publics.

Ainsi, malgré la phraséologie gouvernementale sur l'émergence à tout va, avec le PSE, référentiel des politiques de développement depuis 2014 — réactualisé à cause de la pandémie COVID-19 sous l'appellation Plan d'Actions Prioritaires accéléré et ajusté (PAP2A) —, les politiques sociales, la réduction des inégalités et l'équité territoriale par le développement communautaire et le réajustement économique post-COVID occupent le quotidien national. À cela s'ajoutent les chocs exogènes, à l'exemple de la guerre entre la Russie et l'Ukraine, qui agissent comme une piqure de rappel de la dépendance alimentaire du pays. La politique étrangère du Sénégal a très souvent de bonnes notes qui nous fait nous en intéresser dans ce même numéro, eu égard au leadership régional et continental incarné et qui demeure assujetti à une politique du « bon voisinage » avec ses hauts et ses bas. Qu'en est-il finalement de la prise en charge des problèmes publics structurels comme l'emploi des jeunes, les inondations, la pauvreté en milieu rural et en zone périurbaine, l'autosuffisance alimentaire, les perturbations récurrentes dans les systèmes éducatifs et de santé, le financement de l'entrepreneuriat… bref, de la capacitation des nécessiteux et des porteurs d'innovations ? Les contributions, nous l'espérons, démêlerons les anicroches pour apprécier les notes positives défendues par le Gouvernement et les limités trouvées par les contradicteurs de l'activité gouvernementale.

Encore faut-il le rappeler, ce numéro spécial qui a certes les allures d'un bilan, n'en est pas un. Car, s'il existe une Commission d'évaluation et de suivi des Politiques et Programmes publics (Cf. Décret n° 2019–769), les politiques publiques ne sont pas toujours évaluées à notre connaissance ; ce qui est dramatique pour la prise en charge des problèmes publics pour la suite. C'est là que la recherche joue un rôle majeur de compréhension et d'explication ; elle se veut alors un moyen d'informer d'abord et situer le présent continu avec un recentrage des faits et des évènements à travers un langage scientifique à suffire comme référence cautionnée par la communauté épistémique. C'est aussi une manière de servir de boussole aux programmes politiques et le relèvement du niveau du débat public en mettant les savoirs au cœur du dispositif du pluralisme démocratique. Le présent numéro cherchera aussi de confronter les points de vue internes et externes, croiser les perspectives locales et internationalistes, promouvoir le dialogue entre chercheurs d'ici et d'ailleurs.

Il est évident que les contributions s'appuient sur du factuel avec des données objectivables, qu'elles soient quantitatives ou qualitatives. L'unicité des indicateurs dans les différentes contributions est la prise en compte des institutions, des organisations, des acteurs, des programmes, des initiatives, des modèles, des habitudes, des évènements… par la gouvernance interposée. Avec toute la précaution requise dans l'usage du concept de gouvernance, l'idée simplement exprimée rend compte de ce que *fait* le Président Macky Sall dans sa double autorité administrative et politique consacrée par la Constitution du Sénégal, c'est-à-dire « celui qui détermine la politique de la nation » et par ailleurs, chef de son parti politique, l'APR et de la coalition *Benno Bokk Yakaar* (BBY), « majorité présidentielle » gouvernante.

Les contributions concernent alors la gouvernance dans ses multiples et diverses déclinaisons pour la satisfaction de l'intérêt général et les prérogatives de puissances publiques. Comme nous l'annoncions, les dimensions sociales et économiques ont prévalu, avec une saveur particulière d'interpeller toutes les autres dimensions de la vie publique nationale.

Le ministre du Développement Communautaire, de l'Équité Sociale et Territoriale apparait comme un super ministère tant il concentre un budget important pour l'ensemble des programmes socio-territoriaux qui visent à réduire considérablement les inégalités sociales et territoriales dans l'urgence. En abordant doublement le Programme d'urgence de développement communautaire (PUDC) différemment, les deux premières contributions montrent les problèmes et/ou difficultés dans la mise en œuvre de cette politique sociale, qui ne suffit pas d'être bien pensée, mais surtout d'être bien exécutée dans des temporalités adéquates et chez des bénéficiaires ou *capacitables*. Ainsi, avec **Sadio Ba GNING**, on s'aperçoit comment au niveau des politiques sociales, l'urgence de l'intervention se pose en termes de durabilité tant la *policy transfer* nécessite une réappropriation auprès des populations. Cela ne veut pas dire que celles-ci ne voient pas leurs conditions de vie améliorées en milieu rural mais que les infrastructures doivent faire l'objet d'une pédagogie de l'intervention. En optant pour une étude monographique, l'auteure cherche à dépasser les études sectorielles des politiques sociales pour une vision plutôt multisectorielle qui augure la complexité du développement dit communautaire promu par un État encore sous réforme et urgence au quotidien. Cela étant, l'autre contribution sur le PUDC nous vient de **Boubacar BA** et **Coly MBALLO** qui adoptent la perspective de territorialisation des politiques de développement. Cette approche est intéressante en ce qu'elle provient de géographes qui prennent l'espace à témoin. En effet, suivant une méthodologie qualitative, la contribution permet d'être regardant sur la problématique de la géographie des infrastructures au Sénégal et de son importance surtout en milieu rural. L'enjeu est la nécessité de trouver une cohérence territoriale dans la mise en place des infrastructures (hydraulique rurale, électrification rurale et pistes de mobilité et de production) pour réduire les disparités territoriales et le réordonnancer l'occupation de l'espace. On peut retenir que la mise en œuvre de la politique territoriale doit s'arc-bouter à l'aménagement du territoire national pour véritablement assoir un vrai développement.

Nous voyons bien que les politiques sociales occupent une place centrale dans la gouvernance actuelle de Macky Sall, même s'il « mène » une certaine *orthodoxie* néo-libérale sur les finances publiques. La pauvreté demeure alors une réalité sans cesse documentée par l'Agence nationale de la statistique de la démographie (ANSD). De ce point, réfléchir sur la vulnérabilité et la précarité s'impose en vue de dresser des codes de résiliences. La contribution de **Cheikh Ahmed Bamba DIAGNE** et **Daouda MANÉ**, un universitaire et un *insider*, cherche, à travers le modèle de *scoring* de variables explicatives du modèle Logit, à établir un classement des ménages bénéficiaires de bourse sociale au Sénégal à travers le Programme national de bourses de sécurité familiale (PNBSF). L'objectif est l'estimation de la probabilité d'accéder à une bourse de sécurité familiale par la procédure du modèle logit afin de réduire les erreurs d'inclusion et d'exclusion. Les résultats montrent que la probabilité d'obtenir une bourse de sécurité familiale est une fonction croissante des variables suivantes : accès à l'assainissement, fréquentation des structures de santé, nombre de repas par jour, statut d'occupation du logement, travail des enfants, handicap, type de logement, revêtement toit et revêtement mur. La courbe Receiver Operating Characteristic (ROC) indique que le modèle Logit est excellent avec un pouvoir de prédiction de 92,85%. Pourtant, on constate quelquefois des ménages s'estimant lésés dans le choix des bénéficiaires, indexant les entrepreneurs politiques locaux d'avoir usés d'influence pour faire inscrire leurs militants politiques. Disposer d'une méthode probabiliste robuste et user de base de données aussi complète que fiable au niveau du Registre National Unique sont des conditions sine qua non de transparence dans la redistribution des ressources. C'est un signe d'accountability dans la gestion publique. Il faut, pour cela, que l'ANSD et l'administration territoriale jouent un grand rôle de cartographie et de maitrise des populations.

Il s'en suit une ambition louable de dresser une analyse aussi complète que possible de la protection sociale au Sénégal entre 2012-2022. En faisant le choix d'une telle étude, **Mamadou Aguibou DIALLO** revient sur les dix dernières années en matière d'assistance sociale où la protection sociale a occupé une place importante dans la stratégie de développement socio-économique du Sénégal. À travers trois programmes sociaux que sont la bourse de sécurité familiale, la Couverture Maladie Universelle et la Carte d'Égalité de Chance, l'actuel régime cherche à soutenir les ménages et les individus les plus vulnérables à faire à face aux difficultés socio-économiques. Plusieurs acteurs étatiques et non étatiques sont impliqués. Lorsque l'analyse fait ressortir l'importance de ces programmes (réduction de la vulnérabilité, équité), leurs limites (ciblage, inclusion-exclusion, financement) et les défis (universalisme, durabilité, autonomisation), on peut s'apercevoir que leur efficacité, durabilité et capacité à soutenir réellement les populations bénéficiaires et à leur permettre d'être autonomes continuent à faire débat. Malgré les fortes sommes investies et la manière de s'y prendre, des doutes subsistent sur la finalité de ces programmes. Si l'objectif est de sortir de la pauvreté, le contraste est saisissant. Présentés comme un bilan positif lors des joutes électorales, ces programmes ne font pas l'unanimité au sein de la population et de la classe politique, non pas sur leur bien-fondé, mais sur l'efficacité de la mise en œuvre. En l'absence d'évaluations sérieuses de la part de l'État, il est toutefois difficile de situer exactement le bilan.

Pour clore ce tour d'horizon sur les politiques sociales, nous ne pouvons ne pas revenir sur la pandémie de la COVID-19, révélatrice de l'incertitude et de l'imprévisibilité des phénomènes sociaux et économique. Les économies du monde ont pris un sacré coup, montrant la fragilité du système international. En prenant un cas d'étude précis sur le secteur horticole, **El Hadji Mounirou NDIAYE** partage des éléments généraux d'analyse et d'appréciation de la résilience en contexte de COVID-19 eu égard aux effets néfastes de la pandémie sur l'économie sénégalaise. La stratégie de résilience économique et sociale prend tout son sens d'autant plus que, nonobstant la maigreur des ressources publiques et les anomalies d'exécution, ces effets néfastes sont en voie d'être surmontés sur le plan macroéconomique. En effet, un plan de résilience fut adopté en avril 2020, fondu dans le Plan d'actions prioritaires 2 (PAP 2 : 2019-2023) de la deuxième phase du PSE, ayant abouti au PAP 2 ajusté et accéléré (PAP 2A) adopté en décembre 2020. L'accent particulier sur l'agriculture informe de la résilience si bien que le PAP 2A, avec l'accompagnement des Partenaires techniques et financiers (PTF), est en voie de résorber le retard accusé vis-à-vis des objectifs initiaux du PSE. Cette projection est toutefois assujettie à l'exploitation des ressources pétro-gazières d'où il est attendu des recettes de 888 milliards FCFA dès l'année 2023.

L'intérêt global porté aux politiques sociales en vue d'analyses sociales et économiques sur la gouvernance de Macky ne nous a pas privé de jeter un regard sur la politique étrangère du Sénégal. La « théorie » du premier cercle concentrique, c'est-à-dire du voisinage proche ou immédiat, continue d'être fonctionnelle sous Macky Sall. Comme souvent, les relations oscillent entre coopération et tension. Pour **Mamadou Lamine SARR**, il ne s'agit pas ici d'un bilan de la politique étrangère du Sénégal sous Macky Sall, mais d'une tentative de compréhension de la dynamique de la diplomatie sénégalaise envers les pays voisins avec qui il partage des liens historiques, culturels, politiques et économiques. Cependant, il est intéressant de voir ce que le Sénégal tire comme avantage (en Gambie, en Mauritanie, en Guinée Bissau) et comment il pourrait contribuer à la paix durable dans la sous-région ouest-africaine instable (Mali, Guinée).

On aura compris dans quel champ s'applique les contributions dans ce numéro : celui de l'analyse socioéconomique. Le « développement communautaire » qui semble s'ériger en une nouvelle perspective depuis 2019 charrie la politique sociale dans la quête de l'émergence. L'ambition est moins une analyse complète de la gouvernance de Macky Sall qu'une bribe, suffisamment décisive toutefois pour agir systématiquement sur les autres composantes de cette gouvernance même. C'est le social *au cœur* qui peut avoir la primeur de mettre en branle tout le reste du corps social, du champ politique, de la sphère économique et du domaine étranger. De ce point de vue, toutes les problématiques sciemment abordées sont d'intérêt national et méritent donc une attention simultanée pour les éclairages nécessaires à la marche du Sénégal *néo-contemporain.* Leur maîtrise critique en rapport à l'historicité du politique permet, sans doute, de cerner modestement le devenir de la société sénégalaise. En l'état, il s'agit d'une mise en contexte qui ne cherche pas à établir un schéma manichéen mais plutôt à dresser sommairement des éléments de problèmes.

Dr Serigne Momar SARR

1.

Le Programme d'Urgence de Développement Communautaire (PUDC) : une politique sociale à l'épreuve de la durabilité

Sadio Ba Gning

Université Gaston Berger de Saint-Louis, Sénégal
Sadio-ba.gning@ugb.edu.sn

Résumé

L'essentiel des études sur les politiques sociales sont à quelques exceptions près sectorielles. Nous proposons ici de dépasser cette perspective, en faisant la monographie d'une politique sociale territorialisée et multisectorielle. L'analyse empirique du Programme d'urgence de développement communautaire (PUDC) met au jour la complexité de l'intervention d'urgence et les défis de durabilité d'une politique sociale. Questionner les conditions de mise en œuvre et le fonctionnement du PUDC permet de montrer que les choix stratégiques en matière de *policy transfer* ne peuvent pas être que techniques. La fourniture standardisée d'infrastructures de base donne lieu à des logiques d'appropriation très hétérogènes. Nous soutenons ici que la politique publique comporte un potentiel important pour contribuer à améliorer les conditions de vie et à diversifier les revenus des populations rurales. Cependant, sa vocation d'être une politique sociale risque d'être compromise par des défis de fonctionnalité et de gouvernance durable de ses équipements.

Mots clés : gouvernance, infrastructures de base, autonomie, urgence, durabilité, politique sociale.

Abstract

Most studies on social policies are, with a few exceptions, sectoral. We propose here to go beyond this perspective, by making a monograph of a territorialized and multisectoral social policy. The empirical analysis of the Community Development Program (PUDC) reveals the complexity of emergency intervention and the challenges of sustainability of a social policy. Questioning the conditions of implementation and the functioning of the PUDC shows that strategic choices in terms of policy transfer cannot be merely technical. The standardised provision of basic infrastructure gives rise to very heterogeneous logics of appropriation. We argue here that public policy has great potential to contribute to improving the living conditions and diversifying the incomes of rural populations. However, its vocation as a social policy risks being compromised by the challenges of functionality and sustainable governance of its facilities.

Keywords: governance, basic infrastructure, self-reliance, emergency, sustainability, social policy.

Introduction

En 2016, le Gouvernement du Sénégal met en œuvre le Programme d'Urgence de développement communautaire, un vaste programme phare du Plan Sénégal Émergent. Sur un financement propre de l'État du Sénégal d'un montant de 113 339 327 531 FCFA, à travers son ministère de l'Économie, des Finances et du Plan, la maîtrise d'ouvrage de cette première phase du programme est confiée au Programme des Nations unies pour le Développement (PNUD). L'institution d'ancrage reste toutefois le ministère du Développement communautaire. Son objectif est de favoriser l'accès aux services de base aux populations rurales face aux urgences sociales et climatiques. Dans sa phase 1 le PUDC vise des objectifs quantifiés de réalisations pour améliorer les conditions de vie des populations rurales (D.S. Seck 2020). Ce Programme fait alors l'objet de grands débats, suscité par la nature tout aussi politique qu'innovante de son essence, mais aussi le choix de l'État du Sénégal de « faire-faire » l'action publique par une organisation internationale.

Une analyse de cette politique d'urgence, mérite d'être faite pour éclairer la trajectoire d'un État qui affiche sa vocation d'être « social ». Pour une telle analyse, il est important d'identifier les conditions de la mise en œuvre et le fonctionnement du PUDC. Il convient alors de montrer que les conséquences sociales du PUDC sont fortement influencées par les logiques politiques et l'approche de mise en œuvre d'un tel programme d'envergure.

M'appuyant sur un projet collectif visant à étudier les impacts du PUDC[1], mon analyse utilise les données de l'enquête qualitative menée entre septembre 2019 et mars 2021 sur 18 sites d'intervention du PUDC situés au nord et au centre du Sénégal. Elle a porté sur 78 ménages qui ont bénéficié des interventions du programme dans sa première phase (2016). Des enquêtes complémentaires auprès de 20 personnes-ressources (maires, techniciens, responsable de pôles d'intervention du PUDC, responsables associatifs, religieux, politiques, groupement, féminins, etc.) ont été réalisées de manière itérative jusqu'en 2022. Après avoir décrit dans une première partie l'histoire du PUDC ses ambitions et ses objectifs, la deuxième partie analyse le fonctionnement de l'urgence. Enfin, la troisième partie évoque les défis de durabilité liée à la gouvernance de la politique sociale. Au préalable, il est important de rappeler les terrains de l'étude.

[1] Les résultats présentés dans ce travail s'inscrivent dans le cadre du projet « Genre et bien-être dans l'accès durable à l'énergie et la résilience au changement climatique au Sénégal : le cas du PUDC », financé par le CRDI (2019-2022), coordonné par Dr Sadio Ba Gning, de l'université Gaston Berger, Saint-Louis et Edwin Muchapondwa de l'Université du Cape Town en Afrique du Sud.

Carte 1 : Terrains de l'enquête qualitative

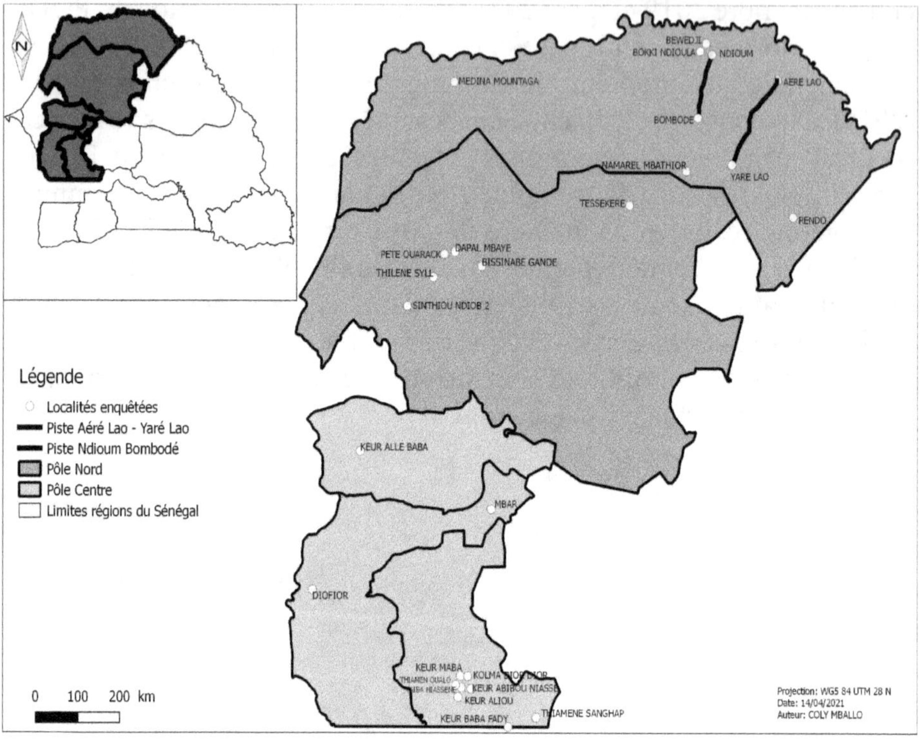

Source : Enquête qualitative, mars 2021

1. Sociohistoire d'une politique d'urgence

En Afrique, la littérature met l'accent sur la trajectoire des politiques sectorielles en milieu rural (E. H. Ly *et al.* 1999 ; M. Diop et A.H. Dia 2011 ; A. Bonnassieux et F. Gangneron 2011) et leur gestion communautaire en milieu rural (J. P. Olivier de Sardan et A. E. Dagobi 2000) qui en révèle toute la complexité des transferts de politiques publiques (P. Lavigne Delville 2017) et la participation d'une pluralité d'acteurs (P. Muller 2008). Au Sénégal, l'histoire des réformes publiques évoque la marginalisation des zones rurales dans les politiques d'accès aux services sociaux de base (M.-C. Diop 2002). En effet, la pauvreté est perçue comme un phénomène essentiellement rural. L'eau qui coule du robinet, l'accès à l'électricité et les routes sont pendant longtemps considérés comme une réalité plus urbaine. En revanche dans le monde rural l'accent est mis sur l'agriculture (matériels agricoles, l'accès des agriculteurs au marché) négligeant sa complémentarité potentielle avec les services de base. Donald Cruise O'brien ne manque pas de souligner la banalité qui frappe le contraste entre la prospérité urbaine et la pauvreté rurale des campagnes sénégalaises (D. Cruise O'Brien 1984). Dans la même perspective Momar-Coumba Diop (2002) souligne la tendance des réformes politiques économiques opérées par l'État du Sénégal depuis les années 1970-1980 à privilégier la paix sociale et l'accès aux services de base dans les environnements urbains. Parallèlement, les populations rurales éprouvent de plus en plus de difficultés à accéder aux services sociaux de base où les jeunes sont confrontés à l'exode rural en milieu urbain (M.-C. Diop 2002).

Les chocs climatiques et environnementaux, les conflits casamançais et mauritanien, ainsi que les programmes d'ajustement structurels de la Banque mondiale et du Fonds monétaire international ont eu un impact négatif sur le financement public de l'agriculture au Sénégal. Plus particulièrement les sécheresses des années 1920 (J. Le Borgne 1988) qui s'étendent au fil des années 1970, (1968, 1970, 1970, 1973) ont entraîné la réduction du pouvoir d'achat des ruraux. À cela s'ajoutent les inondations, la forte variabilité des précipitations à l'échelle saisonnière, interannuelle et multi-décennale qui ont contribué à fragiliser l'agriculture dans les principales régions agricoles du pays et à accentuer ce qui est appelé le « malaise paysan ».

Le premier élément nouveau en ce qui concerne la mise en place du PUDC réside dans sa stratégie globale de lutte contre la pauvreté. Ce programme fait de l'accès aux services sociaux de base une priorité pour améliorer les conditions de vie des ménages ruraux qui subissent de plein fouet les effets du changement climatique et créer des économies rurales performantes et résilientes (PUDC). L'émergence depuis les années 1990 d'une approche basée sur un développement humain durable semble s'inscrire dans cette voie. Le second élément de rupture concerne le référentiel du PUDC, désormais adossé au Plan Sénégal Émergent (PSE), alors que jusqu'à une période récente, les politiques publiques notamment territoriales s'intégraient dans le cadre des plans de stratégie nationale de lutte contre la pauvreté. Mais dans le cadre du PUDC, le Sénégal entérine un nouvel air dans le référentiel des politiques sociales. Par son orientation territoriale et son approche globale et multisectorielle, le PUDC a la vocation d'être une politique intégrée et inclusive qui répond aux besoins des hommes et des femmes des campagnes sénégalaises pour corriger les inégalités d'accès aux services sociaux de base. L'opérationnalisation du PUDC comme politique d'urgence adopte une démarche multi-acteurs.

1.1. Les acteurs : pouvoir central, pouvoirs locaux et partenariat public-privé

Pour organiser la mise en œuvre du PUDC, l'État s'est appuyé sur les ministères techniques (les Infrastructures, l'Énergie, l'Hydraulique, l'Élevage et l'Agriculture). Ces structures se sont impliquées dans la mise en œuvre du programme en fournissant des experts qui sont membres à part entière de l'équipe de terrain du PUDC. Celle-ci est complétée par des experts déployés par le PNUD et des agents recrutés dans le pays et la sous-région. Leur contribution va principalement au-delà du financement du programme, à l'élaboration de plans d'exécution et de matrices de résultats sectoriels et à la mise à disposition du PNUD de tous les documents techniques susceptibles de fournir des éléments d'appréciation. Pour organiser ses interventions, le programme s'est appuyé sur le Partenariat Public et Privé (PPP), donnant ainsi lieu à une contractualisation entre les structures techniques (SENELEC, AGÉROUTE, ASER, AQUATEC, ASUFOR, etc.) et les acteurs de développement (ONG, cabinets d'études, etc.).

La décentralisation a joué un rôle important dans le ciblage et le transfert des équipements. Le programme affiche une volonté d'impliquer les maires. Pourtant dans le passé les collectivités, locales n'ont pas joué un rôle important dans la conception et la mise en œuvre des politiques sociales (E. H. Ly *et al.* 1999). Pour organiser la mise en œuvre, ces structures ont été utilisées pour enregistrer les besoins des populations sur une plateforme numérique gérée par le PUDC. Ensuite, les équipements sont transférés aux collectivités locales.

Le mouvement associatif en milieu rural dans sa diversité (migrants, fédérations, foyers de jeunes, groupements de promotion féminine, etc.) s'est particulièrement illustré dans le processus de transfert des équipements. De la formation, au post-transfert, il exprime sa volonté d'autonomisation et de participation. La mise en place du PUDC a conduit le mouvement associatif rural, bien au-delà de la paysannerie à s'organiser pour la réception et la gestion des équipements du PUDC. Il met en place des comités de gestion, suivant des modèles communautaires (famille, religion, migrants, groupements de femmes, jeunes, etc.).

1.2. Le ciblage des bénéficiaires

Dans sa stratégie de lutte contre la pauvreté, l'action publique, comme dans la trajectoire de l'État au Sénégal est soutenue par les bailleurs de fonds et les partenaires au développement (M.-C. Diop

2002). Au croisement de la base de données fournie par le PNUD et d'un diagnostic de campagne électorale, le programme répond à une demande sociale participative et territorialisée. L'encastrement des logiques clientèles politiques et la dépendance de l'action publique aux agences de développement vient témoigner du caractère biaisé du ciblage. C'est ainsi que les bases de données quantitatives de la cartographie de la pauvreté, fournies par le PNUD ont constitué une première source de ciblage. Le second critère comporte une dimension essentiellement qualitative. Perçu comme l'aboutissement d'une promesse de campagne, le PUDC répond à la demande sociale d'un électorat important souvent marginalisé dans les politiques urbaines.

En 2010, la trajectoire de campagne du candidat Macky Sall a constitué une source qualitative d'identification des besoins des populations rurales. D'une part, les récits collectés auprès des « grands électeurs » sur les avatars du « contrat social sénégalais » ont permis de retracer la trajectoire de campagne dudit candidat. Dans certains territoires du Nord et du Centre, les demandes sociales des populations ont été portées par les marabouts sur les territoires d'ancrage religieux. Dans les villages historiquement politisés, les demandes de service de base ont été particulièrement exprimées par les maires, les groupements de promotion féminine et mouvements de jeunes. Enfin, sur les territoires marqués par une cohabitation interethnique, le ciblage des besoins s'est fait suivant les besoins des communautés - l'eau pour les éleveurs et les agriculteurs. Particulièrement, dans le cadre de la distribution des équipements agricoles, les femmes qui jouent un rôle important dans la mobilisation de l'électorat du parti au pouvoir ont été les premières récompensées (F.B.R. Ka 2021).

Nous pouvons ainsi dire que le ciblage des bénéficiaires a été marqué par l'absence de critères objectifs face à la logique des acteurs le plus souvent en concurrence. Pour satisfaire les besoins criards et accrus en service de base, le programme, avec l'appui du PNUD adopte une stratégie d'urgence.

1.3. L'approche « Build and transfer »

L'approche « Build and transfer » s'appuie sur le principe de la participation et de l'autonomisation des bénéficiaires. La contribution des partenaires publics et privés qui sont chargés de construire et d'installer les équipements dans des délais relativement courts doit permettre un usage optimal par les populations rurales. Comme dispositif d'urgence, la mise en service de l'équipement vise à favoriser une appropriation rapide par les bénéficiaires de manière à favoriser leur autonomisation notamment dans la production de biens et de services. Dans cette approche, le programme se retire une fois que les équipements sont transférés aux bénéficiaires. Pour ce faire, le PUDC organise des formations pour faciliter l'utilisation des équipements (routes, forages couplés à des périmètres maraîchers, raccordements électriques, équipements de transformation post-récolte, de batteuse, décortiqueuse, moulin, etc.).

Par son caractère urgent, cette démarche comporte un enjeu de « développement communautaire ». La gestion est confiée aux bénéficiaires et des comités de gestion sont alors constitués. Ils se construisent le plus souvent sur les modèles organisationnels communautaires (familles, villages, associations, etc.). Ces comités sont responsables sur les plans technique (fonctionnalité, dépannage, construction de locaux, conduite des machines) et financier (gestion des recettes). Des équipements de transformation post-récoltes sont confiés aux groupements bénéficiaires de l'intervention. Pour ce qui est des équipements à fort investissement financier et technique, l'exploitation et la gestion sont directement confiées aux partenaires publics et privés de l'État. Par exemple l'Office des Forages ruraux (OFOR) pour l'eau et la SENELEC pour l'électricité, la Compagnie maroco-sénégalaise d'électricité (COMASEL) pour l'électricité au nord, l'AQUATECH et Flex'EAU dans le centre. Des comités de suivi post-transfert sont alors composés par des collectivités locales, des populations locales et des partenaires de mise en œuvre.

L'approche « Build and transfer », impose une logique d'action standardisée des équipements. Mais le processus d'appropriation par les bénéficiaires donne lieu à une très forte hétérogénéité de pratiques, d'ambition et d'engagement dans les communautés étudiées. Si certaines localités ont bénéficié essentiellement d'équipements post-agricoles, de périmètres maraîchers, de réseaux d'électriques ou de forages, pour d'autres, la satisfaction de ces besoins a été plus articulée. De manière générale la variabilité locale dans la distribution des équipements est particulièrement liée au caractère politique du ciblage qui a privilégié certains territoires où l'influence de responsables politiques est notoire. Quelles peuvent être alors les conséquences de ce ciblage sur le fonctionnement, la maintenance et la gouvernance ?

2. L'urgence aléatoire : dynamiques fonctionnelles du PUDC

Comme politique d'urgence, le PUDC est supposé se caractériser par la rapidité d'exécution de ses interventions. Toutefois, ce critère a fini par être considéré comme relevant de l'exception, notamment à cause des lenteurs observées dans la mise en œuvre de certains équipements et des problèmes de fonctionnalité voire de maintenance des équipements.

2.1. La fonctionnalité technique des équipements

La fonctionnalité des équipements est d'emblée considérée comme un indicateur d'appropriation sociale. Or, les données d'observation sur les différents terrains étudiés montrent différents niveaux de fonctionnalité des équipements du PUDC. Ainsi, on observe des équipements fonctionnels au moment de l'enquête, des équipements en panne deux à trois mois avant l'enquête, des équipements transférés qui n'ont jamais été fonctionnels et des équipements au fonctionnement aléatoire. Le tableau suivant montre les dynamiques fonctionnelles des équipements suivant les territoires.

Tableau 1 : Récapitulatif de la fonctionnalité des équipements au moment de l'enquête

Pôles PUDC	Communes	Villages	Types D'équipements	Cause
	Pôle Nord			
Équipements fonctionnels	Koki	Thilène Sylla	Moulin + décortiqueuse à mil	Modification technique
	Pete Ouarack	Depal	Forage	Réseau électrique performant
	Gande	Bisnabe Gande	Forage	Modification technique
	Gamadji	Bewedji	Piste Rurale	Fréquentation marchés
Équipements non fonctionnels	Pete Ouarack	Pete Ouarack	Moulin + décortiqueuse	Équipements pour villages non électrifiés
	Gamadji	Bokki Ndoulo	Électrification	Poteaux électriques sans courants

Pôles PUDC	Communes	Villages	Types D'équipements	Cause
	Pôle Nord			
	Mbediene	Santhie Ndiob 2	Moulin à mil broyeuse arachide	À l'arrêt, problème d'accessoires
	Gamadji	Namarel	Électrification	Centrale non installée
	Pôle Centre			
Équipements fonctionnels	Taïf	Keur Baba	Forage + périmètre maraîcher Électrification	Mix électrique
	Taïba Niassene	Keur Abibou Niass	Forage	Réseau électrique performant
	Taïba Niassene	Keur Aliou Pathe	Électrification	Réseau électrique performant
	Medina Sabakh	Thiamene Sanghap	Moulin + décortiqueuse à mil	Achat nouvel équipement
	Diofior	Diofior	Moulin + décortiqueuse	Réseau électrique performant
Équipements non fonctionnels	Taïf	Keur Baba	Moulin + décortiqueuse à mil	Faiblesse du réseau électrique
	Taïba Niassene	Keur Abibou Niass	Périmètre maraîcher	Drainage de l'eau
	Taïba Niassene	Keur Maba Awa	Moulin + décortiqueuse	Faible mécanisation
	Taïba Niassene	Thiamene Oualo	Presse à huile	Faible mécanisation

Pôles PUDC	Communes	Villages	Types D'équipements	Cause
	Pôle Nord			
	Taïba Niassene	Kolma Dior Dior	Presse à huile	Défaillance technique
	Taïba Niassene	Keur Aliou Pathe	Moulin + décortiqueuse	Défaillance technique
	Mbar	Mbar	Batteuse à mil	Coût de l'entretien

Sur les territoires où les équipements du PUDC sont fonctionnels, le suivi du transfert est marqué par une grande participation des bénéficiaires notamment pour les équipements à faible mécanisation (post-agricoles). Au centre et au nord, elles se sont impliquées en amont et en aval du processus de mise en place en s'appuyant sur des dynamiques communautaires (familiales, associatives, etc.). Les initiatives de maintenance pouvant entraîner des modifications techniques sont collectives dans la mesure où elles sont portées par les groupements féminins, avec le soutien des hommes. Par exemple, dans un village de Louga, les femmes bénéficiaires de moulins ont eu recours à des techniciens de machines pour assurer le suivi et la maintenance des équipements post-agricoles. Par contre, une telle démarche reste très difficile à envisager dans le cadre des équipements lourds à fort investissement technique et financier (forage, pistes, énergie). Les bénéficiaires n'ont pas toujours su à quel saint se vouer parmi les acteurs du partenariat public-privé. Les interventions nécessitent celle d'un ensemble d'acteurs qui ne se sont pas sentis concernés par le suivi et la maintenance des équipements. Par conséquent, dans le domaine énergétique, les soucis de fonctionnalité observés (temporaires ou permanents) n'ont pas pu être renseignés de manière satisfaisante, face à la pluralité des discours d'acteurs controversés sur leurs interventions.

En ce qui concerne, les dysfonctionnements sur le volet de l'accès à l'eau, les acteurs mettent en cause, le manque d'articulation des interventions entre les différentes composantes du PUDC (électricité, eau et périmètre maraîcher). Par exemple à Thiès, l'insuffisance de l'eau face à la forte demande des ménages a occasionné la suspension des activités du périmètre maraîcher qui pourtant a connu deux à trois ans (2018-2019) de fonctionnalité exemplaire. Les initiatives visant à augmenter les capacités d'exploitation du forage occasionnant des coûts supplémentaires en énergie solaire sont restées vaines, à cause des contraintes écologiques de la zone. En outre, dans la région de Matam, la fonctionnalité d'équipements énergétiques est rarement une réalité dans certains villages. Laissé à l'abandon depuis le transfert, les équipements d'une station solaire sont exposés à l'air, en attente de consigne pour les mettre à l'abri ou l'installer de la part des équipes du PUDC. Dans un autre village du département de Linguère, la fonctionnalité de la centrale solaire hybride est suspendue après une période d'essai de trois mois, suivant le transfert. N'ayant pas été formées de la maintenance, les populations attendent les équipes du PUDC pour le raccordement des ménages à l'électricité et poursuivre leurs activités d'entrepreneuriat (vente de glace) occasionnées par la mise en place de la centrale. Dans d'autres villages, les bénéficiaires ont plutôt été contraintes de renoncer à l'éclairage public et privé, face aux coûts élevés de l'électricité.

2.2. La fonctionnalité des équipements : logique des acteurs

Sur les territoires du nord où la fonctionnalité des équipements est le plus aléatoire, les discours mettent en cause le rôle des partenaires dans le suivi du transfert. Tantôt les données d'entretien évoquent des aspects techniques liés à la faible intensité de l'électricité fournie par le PUDC pour alimenter les équipements post-agricoles (moulins, batteuses et broyeuses), tantôt la cherté des abonnements. À cause de la faible intensité ou de l'inadaptation de l'électricité proposée, le recours au gasoil notamment pour alimenter les moulins, continuent d'être les pratiques dominantes dans le vécu de certaines femmes rurales. Par exemple, dans la région de Diourbel, l'utilisation des équipements post-agricoles distribués aux femmes n'a été que de courte durée, face à la faible tension du réseau électrique du PUDC. Pourtant, le forage qui est raccordé au même réseau permet d'alimenter et d'assurer l'approvisionnement en eau pour tous les villages environnants. Plus au nord, la distribution localisée d'équipements dans la région de Louga a conduit à mettre en place un périmètre maraîcher dans un village religieux. Cependant, la faiblesse du réseau électrique pour assurer le drainage de l'eau depuis le village ne permet pas l'exploitation dudit périmètre. Ce problème est loin d'être un cas isolé dans la région.

Dans le Département de Linguère et à Matam, les populations ont dû modifier la source d'énergie (du solaire au gasoil) pour assurer la fonctionnalité des forages du PUDC. Mais compte tenu du coût élevé de l'énergie, ils n'ont pas pu raccorder le périmètre, qui demeure non exploité. Parallèlement, des équipements post-agricoles sont laissés à l'abandon. Certains bénéficiaires préfèrent privilégier les activités d'élevage et dérivées (vente de lait) – d'autres optent plutôt pour des équipements de transformation post-agricoles plus performants dans une partie du bassin arachidier, notamment à Kaolack. En effet, dans ces contextes étudiés, les dynamiques organisationnelles des groupements de femmes montrent une tendance à délaisser les équipements et les sources d'énergie proposées par le PUDC au profit d'équipements de transformation et de réseaux d'électricité jugés plus performants et moins chers. Puis, dans les villages où les interventions du PUDC sont éclatées sur différents territoires (suivant le découpage administratif), les conflits entre les acteurs autour de la gestion des équipements remettent en cause l'opérationnalité des équipements du PUDC. Enfin, sur les territoires qui bénéficient d'autres programmes d'électrification que le PUDC, le fonctionnement des équipements (centrale hybride et équipements post-agricoles) est assuré dans un premier temps par le partenaire, puis par une entreprise privée qui en assure le maintien et la gestion, au moins jusqu'au raccordement à la Société nationale d'électricité en 2019. Par ailleurs, à Matam, ce sont plutôt les associations des migrants qui ont joué un rôle particulièrement dans le transfert et le fonctionnement des équipements du PUDC.

Le fonctionnement aléatoire des équipements du PUDC révèle bien au-delà de sa pertinence les limites de l'approche *Build and transfer*. Certains experts du PUDC, ont fini par la renommer sous le vocable de *Tabaski Makka* ou *rendi-diégui*, pour exprimer le manque de suivi après le transfert. À travers cette approche, les réalisations n'ont pas assez pris en compte le suivi et la maintenance des équipements après le transfert. Ainsi l'approche *Build and transfer* perçue comme une intervention inachevée révèle d'autres problèmes inhérents à l'urgence. Elle implique des coûts d'investissement énormes, qui par le manque de suivi entraîne la détérioration, l'abandon ou tout simplement le manque d'appropriation des équipements transférés. C'est par exemple, le cas de la centrale solaire d'un village de Matam, qui n'a jamais été installée depuis la réception du matériel il y a 5 ans. En s'appuyant sur le partenariat public-privé, le programme a eu tendance à privilégier les interventions techniques dans la gouvernance des équipements du PUDC.

L'opacité qui a entouré la répartition des rôles de ces acteurs notamment pour assurer le bon fonctionnement et/ou le maintien des équipements, a suscité chez les populations locales, plutôt un sentiment d'abandon ; d'où l'expression *tek daw*, qui est utilisée par ces dernières pour désigner les interventions du PUDC. Certaines bénéficiaires ont reçu des équipements, sans avoir été outillées pour les utiliser ou pour les réparer en cas de panne. Des équipements du PUDC sont devenus dans certains cas des pièces de musée, exposées dans les mairies qui font l'objet de visite de la part des chercheurs et d'ONG. Dans d'autres, les bénéficiaires ont dû compter sur l'expertise de la communauté, quoique parfois limitée dans le cadre de la petite mécanisation (moulins, décortiqueuse, etc.). Le cas des femmes d'un village de Louga mérite d'être cité à ce propos. Après avoir constaté le coût élevé de l'électricité nécessaire pour alimenter le moulin reçu du PUDC, elles ont fait appel à un technicien pour changer le moteur, qui fonctionne depuis avec du gasoil, utilisé comme la source d'énergie la moins chère et la plus adaptée.

De manière générale, les dynamiques fonctionnelles du PUDC dans les différents sites étudiés traduisent des situations variées qui montrent les contraintes de la démarche d'urgence. Cette dernière implique des interventions rapides et efficaces qui en appellent toujours à une démarche de suivi. Dans le cas présent de l'étude du PUDC, les longs délais d'exécution, le dysfonctionnement de certains équipements pour des raisons techniques et sociales ont fini par différer l'urgence. L'exemple du PUDC reflète ce que l'on pourrait qualifier d'intervention d'urgence « aléatoire ». En mettant l'accent sur des objectifs quantitatifs, le PUDC à travers l'approche *Build and transfer* du PNUD est confronté à des défis de fonctionnalité et de maintenance de ses équipements. Comment alors envisager la durabilité dans le PUDC ?

3. Défis de durabilité d'une politique sociale

De toute évidence, les conséquences économiques et sociales à long terme du programme sur les communautés rurales questionnent la gouvernance centrale et locale des équipements du PUDC. Des recherches récentes ont permis de montrer que le PUDC a contribué à améliorer les conditions de vie et l'accès des populations rurales aux services de base. À plusieurs niveaux et parfois de manière articulée, avec ses composantes, il est démontré que le programme a amélioré le bien-être et le niveau de consommation des ménages (G. Magbondé 2021). Ses conséquences sur le genre montrent plutôt une tendance à la consolidation des solidarités et à la négociation des rôles masculins et féminins. En plus de favoriser l'entrepreneuriat féminin, notamment post-agricole, le PUDC a par-là contribué à améliorer l'accès des femmes à la citoyenneté à travers leur participation politique au niveau local. Ses conséquences environnementales, en dépit d'être difficilement mesurables, restent faibles en ce qui concerne l'utilisation des matériels post-agricoles et l'électricité (J. M. Sène, 2022). Sur les jeunes, le PUDC a entraîné des phénomènes de retour de migration, grâce à l'accès à l'électricité qui a favorisé la relocalisation de certains métiers urbains en milieu rural. L'exploitation des périmètres maraîchers, avec le développement des pistes rurales et l'introduction d'intrants participent également à favoriser l'accès au marché pour les jeunes hommes inscrits dans des stratégies de retour. Ils entreprennent dans les services et le commerce (transferts d'argent, soudeurs, tailleurs, etc.).

Pour ce programme qui nourrit des ambitions d'une politique sociale, garantir l'accès aux services sociaux de base (eau, électricité, pistes, et équipements post-agricoles) comporte des enjeux de développement économique et social durable. Toutefois, son incapacité à ce jour à gérer les effets immédiats du programme et par conséquent à anticiper sur l'augmentation de la demande sociale a tendance à compromettre la gouvernance des équipements au niveau central et local, qui s'avère être une condition importante de durabilité.

3.1. Gouvernance centrale du PUDC : l'autonomie sans la participation

La gouvernance du PUDC met au jour la complexité de la territorialisation d'une politique publique prise dans le dilemme entre secteurs et territoires (P. Muller 1990). Elle soulève des questions importantes d'inclusion et d'exclusion, de centralisation et de décentralisation.

Le thème de la décentralisation occupe une place importante dans la gouvernance locale du PUDC. À travers le transfert des équipements, le pouvoir central du programme a affiché une volonté de promouvoir la participation des maires notamment pour le ciblage et le transfert. Mais les collectivités locales se sont heurtées à toute possibilité de s'autonomiser. La tendance décriée par les maires à centraliser les décisions et à standardiser les interventions, a fini par saper les principes de la décentralisation et du code des collectivités locales. Elles peinent à mobiliser les ressources nécessaires pour assurer le suivi. Pour réduire les risques d'accaparement ou d'instrumentalisation politique et les logiques partisanes, la contribution des maires a été limitée par le pouvoir central du PUDC à la réception des équipements. De fait le pouvoir des maires se trouve parfois concurrencé par celui des communautés.

L'exclusion des bénéficiaires de l'exploitation et de la gestion des équipements pose un défi majeur de gouvernance notamment dans le cadre de la démarche multi-acteurs. À l'échelle locale, les usagers luttent pour la gestion des équipements sur le pouvoir de choisir leurs délégataires. Or, on leur demande de s'autonomiser et de se prendre en charge, à peine qu'ils ne soient formés pour utiliser les équipements. Les faiblesses, voire les conflits entre les acteurs du partenariat public reflètent dans certains cas, une mauvaise compréhension des rôles dans la gestion des équipements après le transfert (approche non comprise), dans d'autres les contraintes de la sous-traitance. Face au manque de coordination dans les interventions entre les partenaires publics et privés, s'ajoute l'absence de formation des populations locales, qui plus ont tendance à « bricoler » les installations hydrauliques, électriques et/ou post-agricoles. Laissées à eux-mêmes et mues par le souci de fonctionnalité, elles s'exposent à des risques environnementaux et/ou énergétiques pour elles-mêmes et pour les équipements, à même d'accentuer les problèmes techniques. À ce titre nous pouvons revenir sur l'exemple du périmètre maraîcher de Thiès. Après avoir connu un essor fulgurant entre 2016 et 2019, a fini par dissiper les effets immédiats et l'espoir suscité chez les jeunes et les hommes en général. En cause, les effets d'incitation induits par le succès du périmètre, dont l'augmentation de la demande et la pression démographique. L'exemple qui suit révèle l'existence d'une centrale solaire hybride qui est à l'arrêt, après une période d'essai de quelques mois. Pendant cette période, elle a permis aux groupements de femmes du village, dans le département de Louga de financer l'achat de 4 équipements (frigidaires) pour vendre de la glace aux habitants du village et aux riverains. Enfin, le troisième site situé dans le département de Mpal, dans la région de Saint-Louis porte sur un réseau électrique à faible tension qui a permis d'électrifier un village. Mais compte tenu de la cherté des abonnements pour les bénéficiaires, qui plus sont des éleveurs, l'utilisation de l'électricité reste domestique pour l'éclairage et la conservation alimentaire. De toute évidence la gouvernance centrale du PUDC sape les conditions d'un développement communautaire (participation, voire appropriation) compromis par un référentiel économique de marché qui a plutôt tendance à favoriser les partenaires techniques. Tandis que les usagers et les ménages parfois démunis véhiculent d'autres normes sociales d'accès aux services de base qui n'obéissent pas toujours aux logiques de marché. Quel rôle peuvent-ils alors jouer dans la gouvernance des équipements du PUDC ?

3.2. Gouvernance locale du PUDC : la consolidation du leadership des acteurs communautaires

La délégation de responsables d'instances communautaires n'a pas permis une maintenance durable des équipements du PUDC. La gestion des comités est mise en cause. Dans le sillage du ciblage, la désignation des membres obéit à des logiques partisanes, suivant l'appartenance, le plus souvent à un même réseau politique, familial et/ou religieux. Constitué sous le modèle associatif, ces comités sont dépourvus face aux problèmes de fonctionnalité et de maintenance des équipements. En examinant la gouvernance locale des équipements du PUDC, trois formes peuvent en être identifiées : la gouvernance familiale, la gouvernance religieuse et la gouvernance politique. La première est caractérisée par une gestion de l'équipement par les membres d'une famille. Du fait de leur ancrage communautaire et historique dans un village, ces groupuscules bénéficient d'une certaine légitimité sociale, par leur origine sociale, leur rôle économique et/ou religieuse qui leur confère une certaine influence dans la communauté. C'est par exemple le cas à Thiès où la gestion du périmètre maraîcher est contrôlée par une famille respectée, en vertu de son ancrage religieux. La deuxième forme de gouvernance dans le prolongement de la première est essentiellement caractérisée par une gestion charismatique de l'équipement. Le comité de gestion est composé de membres aux profils différents (politiques, associatifs, administratifs, etc.) qui sont tous placés sous l'autorité du marabout. La participation obéit à une logique d'association religieuse. Les membres choisis par le marabout, lui rendent compte et suivent ses recommandations.

Enfin, lorsque les équipements sont transférés à des associations (groupements féminins, associations de jeunes, etc.), la gestion des comités a tendance à se départir des logiques politiques. Par exemple, à Louga, les femmes des groupements féminins qui ont reçu des équipements post-agricoles, se sont constituées en comité avec les femmes du même parti politique et de la même association de développement locale. En s'appropriant ces comités, elles gardent le contrôle sur lesdits équipements, perçus comme une récompense à leur engagement politique. D'ailleurs, quand on observe ces différentes formes de gouvernance locale des équipements du PUDC, elles révèlent toutes l'encastrement des logiques familiales, religieuses et politiques. Ces espaces relationnels sont alors utilisés comme des soupapes de sécurité, qui procurent des ressources (matérielles et immatérielles) pour s'approprier les équipements (S. B. Gning 2021). À ce facteur de réussite des comités fonctionnels, on peut noter la cohésion sociale des communautés observée au niveau ethnique, religieuse et politique. L'espace associatif dans le prolongement des liens familiaux et religieux constitue à cet effet un levier important d'appropriation du PUDC. Elle a tendance à survivre aux risques d'instrumentalisation induite par la politisation du ciblage et de la mise en place du programme en s'appuyant sur l'ancrage historique, familial et/ou religieux des membres, voire des bénéficiaires. Par contre, dans les sites étudiés où le contexte social est plus hétérogène, le fonctionnement des comités de gestion est dans une large mesure en léthargie. Par exemple, dans un village de la région de Louga, parler de comité de pilotage du forage du PUDC met à jour les conflits entre les différentes communautés qui n'entretiennent pas le même rapport à l'eau. Si les Wolofs mettent l'accent sur le coût de l'eau et le drainage pour l'irrigation des champs et des ménages, les Peuls montrent à travers leurs discours, l'insuffisance de l'eau pour l'abreuvement des animaux. Quant aux femmes maures qui gardent un usage essentiellement domestique, elles mettent plus l'accent sur la cherté de l'eau. Si elles jugent les coûts élevés, elles peuvent retourner aux puits, ou aux pompes manuelles, ou tenter de négocier les abonnements. Dans d'autres communautés, les comités de gestion demeurent la chasse gardée de responsables politiques, qui ont tendance à influencer la désignation des membres. À cet égard, la représentation des femmes, quelque peu volontaire, obéit plus à une logique de quota que de participation. Du fait des performances très variables des comités de gestion et des carences de l'environnement institutionnel, cette gestion communautaire rencontre des succès mitigés. Face à des intérêts divergents, la gestion aboutit souvent à une privatisation de fait du contrôle de l'équipement par une structure publique ou privée. C'est le cas particulièrement en ce qui concerne la gestion de l'eau par l'Aquatec et les OFOR ou Flex' eau. Ce qui est parfois source de controverses de la part des usagers qui ne sont pas impliquées dans la gestion. Comment alors promouvoir une gouvernance durable ?

3.3. Les pistes de dépassement et potentiels d'une politique sociale de référence

L'analyse du PUDC comme une politique publique d'urgence ne saurait se limiter à une simple évaluation. Les leçons apprises par le pouvoir central du programme lors de la première phase et par les acteurs présentent des éléments intéressants d'amélioration de ses interventions. Il convient alors de rendre compte des facteurs d'appropriation et des efforts qui ont été consentis par le PUDC pour améliorer ses interventions. Trois phénomènes combinés y ont contribué. Le plus important relève d'un registre pragmatique. La mise en place d'une cellule d'ingénierie sociale depuis la première phase, a permis de mieux cibler les besoins et d'adapter les interventions. De fait l'approche par la demande, qui donne au programme son caractère innovant est sous-tendue par un diagnostic approfondi des besoins sur les territoires de manière à éviter la standardisation des interventions. En conséquence, sont mieux intégrées les spécificités environnementales et socio-économiques ainsi que les dynamiques organisationnelles territoriales. Au nord par exemple, la distribution de semences non adaptée aux conditions climatiques aurait pu être évitée si des études préalables étaient réalisées. De même au Centre, la mise en place d'un périmètre maraîcher dans une zone où l'accès à l'eau se heurte à la salinisation est un autre cas qui témoigne du manque de diagnostic environnemental. Pour ce qui est des équipements post-agricoles et des centrales solaires, ce sont les sites d'installation parfois non adaptés qui révèlent l'absence d'évaluation *ex ante*. En revanche, dans les pôles Est et Sud, l'expérience des cellules d'ingénierie s'est avérée très pertinente notamment pour la constitution et le fonctionnement des comités de gestion, qui jouent le rôle d'interface entre le pouvoir central du PUDC et les acteurs impliqués.

Le deuxième aspect montre le rôle important du partenariat avec la recherche. Malgré des débuts difficiles, la collaboration avec l'équipe du programme a fini par montrer la pertinence d'articuler la recherche – développement. La contribution du PUDC à l'évaluation de la première phase et les échanges périodiques avec les chercheurs, à travers une série d'ateliers de partage de résultats, mais aussi de renforcement de capacité a permis de réfléchir et de discuter la stratégie mise en œuvre par le PUDC, ainsi que des efforts consentis par le programme pour améliorer ses interventions dans la phase 2. Ces échanges ont suscité un questionnement auprès de l'équipe du PUDC sur les approches sectorielles relative à l'énergie, à l'eau et aux équipements post-agricoles, en vue de mieux appréhender les interventions dans la zone sud. En dernier lieu le PUDC a dû apprendre à gérer au fil du temps les problèmes techniques liés au fonctionnement de ses équipements, en se montrant plus exigent sur le contenu des cahiers des charges des partenaires de mise en œuvre. La solution technique n'étant pas fournie clé en main, l'installation des équipements qui requiert quasiment des apprentissages importants de la part des bénéficiaires, entame un processus d'appropriation sociale.

Conclusion `

Les résultats de cette recherche mettent en évidence toute la complexité d'une politique d'urgence à devenir sociale. L'imbrication des logiques d'urgence et des logiques politiques, sociales et institutionnelles dans la définition de la politique publique a eu tendance à compromettre la vocation sociale de ce programme d'envergure. Le passage de l'approche sectorielle à la territorialisation s'est également posé avec beaucoup d'acuité, du fait des inégalités sociales et des contraintes environnementales.

En guise de conclusion principale de ce travail, nous pouvons dire que le PUDC de par son approche d'intervention (à la demande) et sa stratégie de mise en place dénommée *Build and transfer* comporte les bases d'une politique d'urgence. Toutefois, sa vocation d'être une politique sociale soulève des questions sérieuses liées à la fonctionnalité et à la gouvernance durable de ses équipements. Relever ces défis requiert une certaine démarche réflexive de prise de distance avec les logiques partisanes. En effet, la politisation du programme tout au long du processus de mise en œuvre a fini par saper la dimension sociale et inclusive du programme. L'instrumentalisation de certains groupes à travers le leadership des femmes et de chefs coutumiers et religieux a contribué à renouveler les logiques clientèles historiques entre l'État et les groupements féminins et le « contrat social » avec les marabouts – traduisant ainsi la difficulté pour l'État d'établir des liens institutionnels avec la société (D. Cruise O'Brien 2002) ou certainement la complexité des processus de transfert de politiques publiques repérable à l'enchâssement politique et social de l'État (P. Lavigne Delville 2018).

Notre analyse permet en effet d'éclairer le postulat de la politisation de la politique publique. Elle montre les enjeux politiques sur des secteurs fortement politiques et controversés comme l'eau et l'électricité. Les controverses ne portent pas seulement sur les modalités de mise en œuvre, mais aussi sur l'orientation de l'action publique (centralisation versus décentralisation). En fonction de l'histoire des réseaux de politiques et des enjeux économiques ou institutionnels, les résultats du PUDC peuvent varier d'un territoire à un autre.

En définitive, on pourrait conclure après l'évaluation du PUDC sur un constat de nouveauté sans renouveau, dans la mesure où ce programme s'inscrit dans le prolongement de la trajectoire des politiques publiques au Sénégal. Un point de rupture néanmoins subsiste et mérite d'être souligné – son caractère innovant réside d'une part, dans le fait d'être une réponse politique à une demande sociale du monde rural d'accès à des services de base, restée longtemps inaudible. Le PUDC entérine le passage du programme politique à la politique publique. D'autre part, par son ancrage territorial et sa dimension globale, le PUDC engage à travers l'accès aux services sociaux de base, le pari du développement intégré et articulé. Mais les avatars de son origine politique continuent de marquer sa trajectoire et lui empêche d'atteindre son objectif principal, celui d'être une réponse publique à des urgences sociales et climatiques.

Le développement d'une politique publique nécessite sans doute de prendre en compte les inégalités sociales et territoriales. De ce point de vue, la promotion des investissements économiques (routes) et des services sociaux de base (électricité, matériels post-agricoles, forages, etc.) en fonction des zones agroécologiques et des aléas climatiques en particulier, s'avèrent judicieux. Mais il convient aussi, pour des besoins de pérennisation des effets des actions de l'État et de ses partenaires, d'améliorer la communication dans le partenariat public et privé, de promouvoir l'approche participative qui implique pleinement l'ensemble des acteurs dans tous les maillons de la production et de sa gestion, et singulièrement les groupes sensibles, mais dynamiques et porteurs d'avenir que sont les femmes et les jeunes. C'est une option difficile quoiqu'elle soit la seule à permettre de trouver les réponses institutionnelles les plus adéquates pour la mise en œuvre de politiques sociales qui intègrent de façon complémentaire, fonctionnelle et dynamique les contributions de tous les acteurs et qui répondent effectivement aux besoins et intérêts des populations vulnérables.

Références bibliographiques

BONNASSIEUX Alain et GANGNERON Fabrice, 2011, « Des mini-réseaux d'eau potable : entre enjeux politiques et arrangements locaux. Le cas de la commune de Djougou au Bénin », dans *Mondes en développement*, vol. 155, n° 3 : 77-92.

CRUISE O'BRIEN Donal, 2002, « Les négociations du contrat social sénégalais. » : 83-93, dans Donal B. CRUISE O'BRIEN, Momar-Coumba DIOP et Mamadou DIOUF, *La construction de l'État au Sénégal*, Paris, Karthala.

CRUISE O'BRIEN Donald, 1984, « Des bienfaits de l'inégalité : l'État et l'économie rurale au Sénégal », dans *Politique africaine*, n° 14 : 34-38.

DIOP Momar-Coumba, 2002, « Réformes économiques et recompositions sociales » : 63-82, dans Donal B. CRUISE O'BRIEN, Momar Coumba DIOP et Mamadou DIOUF, *La construction de l'État au Sénégal*, Paris, Karthala.

DIOP Moussa et DIA Amadou Hamath, 2011, « Réformes des services d'eau en milieu rural africain : enjeux et limites du montage institutionnel de gestion. Une étude de cas au Sénégal », dans *Mondes en développement*, vol. 155, n° 3 : 37-58.

GNING Sadio Ba, 2021, « Biographies relationnelles d'entrepreneures sociales au Sénégal », dans *RECMA*, vol. 362, n° 4 : 66-80.

KA Fatoumata Binetou Rassoul, 2021, *La qualité du ciblage dans la distribution des équipements du PUDC*, Mémoire de master en économie, Paris, Université Paris Dauphine.

LAVIGNE DELVILLE Philippe, 2018, « Les réformes de politiques publiques en Afrique de l'Ouest, entre polity, politics et extraversion : eau potable et foncier en milieu rural (Bénin, Burkina Faso) », dans *Gouvernement et action publique*, vol. 7, n° 2 : 53-73.

LAVIGNE DELVILLE Philippe, 2018, « Pour une socio-anthropologie de l'action publique dans les pays sous régime d'aide », dans *Anthropologie & développement*, n° 45 : 33-64.

LE BORGNE Jean, 1988, *La pluviométrie au Sénégal et en Gambie*, ORSTOM, Université Cheikh Anta DIOP de Dakar.

LY El Housseynou, CISSE Omar, FALL Safietou Touré, LOM Aboubacry Demba, MODJI Moustapha, SALL Farba Lamine, SAVANE Malamine et SOW Aboubacry, 1999, « Diagnostic des politiques sociales au Sénégal », *Études et Travaux du Réseau RPS/AOC*, n° 1, 67 p.

MAGBONDÉ Gildas 2021, *Welfare impacts of rural electrification: evidence from Senegal*, Dakar, IFAN, Atelier Genre et énergie dans le PUDC.

MULLER Pierre, 2008, « Aux frontières de l'action publique. Ce que les politiques du genre font de l'analyse des politiques publiques » : 299-316, dans Pierre MULLER, Isabelle ENGELI et Thanh-huyen BALLMER-CAO (dir.), *Les Politiques du genre*, Paris, L'Harmattan.

MULLER Pierre, 1990, « Les politiques publiques entre secteurs et territoires », dans *Politiques et Management Public*, vol. 8, n° 3 : 19-33.

OLIVIER DE SARDAN Jean-Pierre et DAGOBI Abdoua Elhadji, 2000, « La gestion communautaire sert-elle l'intérêt public? Le cas de l'hydraulique villageoise au Niger », dans *Politique africaine*, vol. 80, n° 4 : 153-68.

SECK Djibril Safy, 2020, *Présentation du programme d'urgence de développement communautaire*, Dakar, IFAN, Atelier genre et énergie.

SÈNE Julie Madeleine, 2022, *Politiques publiques, genre et environ-nement : analyse de l'incidence du PUDC dans la commune de Ngayokhème*, Mémoire de master, Saint-Louis, Université Gaston-Berger de Saint-Louis.

2.

De l'identification des problèmes à la territorialisation des politiques publiques de développement. L'exemple de l'impact du PUDC dans la zone Nord du Sénégal

Boubacar Ba
Université Gaston-Berger de Saint-Louis, Sénégal
boubacar.ba@ugb.edu.sn

Coly Mballo
Université Gaston-Berger de Saint-Louis, Sénégal
mballo.coly@ugb.edu.sn

Résumé

Cet article étudie la territorialisation des politiques de développement au Sénégal à travers le Programme d'Urgence de Développement Communautaire (PUDC) dans sa mission de lutte contre la pauvreté et les inégalités socio-spatiales en milieu rural. Il montre que la lutte contre les disparités territoriales et le réordonnancement de l'occupation de l'espace qu'elle implique ainsi que la mise en place des infrastructures (hydraulique rurale, électrification rurale et pistes de mobilité et de production) ont permis d'équiper les territoires et de réduire les inégalités et injustices socio-spatiales dans le milieu rural. Sur le moyen et long terme, ces infrastructures devront renforcer la cohérence et la cohésion territoriale, mettre fin aux inégalités, améliorer les conditions de vie et de bien-être des populations pour enfin, « bâtir une société solidaire dans un État de droit ». La méthode essentiellement qualitative employée dans ce travail (analyse documentaire, entretiens semis-structurés et des focus groups avec les acteurs territoriaux) a mis en exergue la problématique de la géographie des infrastructures au Sénégal et de son importance surtout en milieu rural.

Mots-clés : Aménagement du territoire, infrastructures, inégalités socio-spatiales, développement communautaire

Abstract

This article studies the territorialization of development policies in Senegal through the Emergency Community Development Program (PUDC) in its mission to fight against poverty and socio-spatial inequalities in rural areas. It shows that the fight against territorial disparities and the reorganization of the occupation of space that it implies, as well as the establishment of infrastructures (rural hydraulics, rural electrification and mobility and production tracks) have made it possible to equip territories and reduce socio-spatial inequalities and injustices in rural areas. In the medium and long term, these infrastructures should strengthen territorial coherence and cohesion, put an end to inequalities, improve the living conditions and well-being of populations in order, finally, "to build a united society under the rule of law". The essentially qualitative method used in this work (literature review, semi-structured interviews and focus groups with territorial actors) highlighted the problem of the geography of infrastructure in Senegal and its importance, especially in rural areas.

Keywords: Land use planning, infrastructures, socio-Spatial inequalities, community development.

Introduction

La lutte contre les inégalités sociales et territoriales est un objectif de tout État de droit. La justice sociale et territoriale est au cœur des politiques d'aménagement et de développement. Plusieurs États africains sont caractérisés par de très fortes inégalités d'accès aux services sociaux de base, supports de leur développement socioéconomique. « Le Sénégal ne fait pas exception à ces grandes disparités puisque les deux tiers de sa population occupent environ le cinquième de sa superficie totale » (M.M. Diakhaté 2011 : 113, cité par A. M. Sène et C. Codjia 2017).

Les inégalités socio-spatiales d'aujourd'hui sont un legs de « l'administration coloniale, dont la principale stratégie de domination reposait sur la spécification du territoire par le découpage physique » (B. Ba 2016 : 4). Cette domination de type capitaliste, visant la construction de pôles de croissance basée sur une logique spatiale et sélective (A. M. Sène et C. Codjia 2017 : 3) a engendré un déséquilibre dans la construction du territoire national : territoires côtiers plus attractifs que les territoires intérieurs répulsifs.

C'est pour remédier à ce dispositif spatial déséquilibré et porteur de contraintes de développement que le Sénégal a mis en place en 1997 le *Plan National d'Aménagement du Territoire* (PNAT) pour servir de document de référence et instrument d'action de développement régional. L'objectif stratégique du PNAT était alors de veiller à l'atténuation des disparités socio-spatiales héritées du colonisateur. Mais, force est de constater que les disparités socio-économiques et les discontinuités territoriales tant décriées sont toujours là. Plusieurs études (M. M. Diakhaté, 2007 et 2011 ; C. Alvergne, 2008, ANSD 2011, A.S. Ba, 2011, A.M. Sène et C. Codjia 2017) en font état sur l'ensemble du territoire national. Ils insistent, la plupart de ces travaux, sur les limites des politiques d'aménagement dont la quasi-totalité n'a pas été érigée en loi encore moins mise en œuvre comme la présente *Loi d'Orientation pour l'Aménagement et le Développement Durable des Territoires* et sur laquelle sont adossés la territorialisation des politiques publiques de développement et des programmes tels que le PUDC.

Cet article a pour objectif général de mettre en évidence, dans le cadre du magistère du président Macky Sall, la contribution des politiques publiques, en l'occurrence le PUDC, dans la lutte contre les inégalités sociales et territoriales. Cette étude vise à montrer les grandes tendances de la distribution spatiale des réalisations du PUDC et de leur contribution à l'aménagement du territoire et à l'atténuation des inégalités sociales et territoriales en milieu rural à partir d'une méthodologie essentiellement empirique (collecte de données qualitatives).

La première partie de cet article présente le contexte et la vision du PUDC. À partir des résultats de terrain obtenus, la seconde partie fait une caractérisation des infrastructures et équipements réalisés en milieu rural tandis que la troisième partie analyse les effets de ses infrastructures et équipements sur les territoires bénéficiaires du PUDC.

1. Matériels et méthodes

Notre méthodologie est basée essentiellement sur deux volets : la collecte des données qualitatives de terrain et la recherche documentaire. Pour la collecte des données de terrain, elle s'est déroulée dans les régions de Saint-Louis et de Louga. Trois outils ont été utilisés : un focus groups pour les membres de la communauté, un guide thématique pour les bénéficiaires et un guide pour les personnes-ressources (Maires, directeurs de sociétés, entrepreneurs) ayant participé à la mise en œuvre du programme. Sur la base d'un choix raisonné, des entretiens individuels ont été effectués auprès des ménages des personnes ayant participé aux focus groups. D'autres entretiens individuels sont également effectués auprès des personnes-ressources (Maires, Responsables de Pôle du PUDC), partenaires de mise en œuvre du programme (Comasel, Aquatec, l'Office des Forages Ruraux, chefs de villages, gestionnaires des infrastructures et équipement).

L'échantillonnage s'est fait sur la base d'un choix raisonné à quatre niveaux : selon les sites ayant bénéficié des réalisations du PUDC, selon les types d'infrastructures et équipements réalisés, selon les ménages bénéficiaires des équipements et selon les personnes-ressources (Maires, entrepreneurs et responsables de pôle ayant participé à l'exécution du programme). Les enquêtes en présentiel et à distance (entretiens semi-directs avec les personnes ressources) ont été effectuées du 1er au 15 mars 2021 dans les régions de Saint-Louis et de Louga appartenant au Pôle Nord du PUDC. Au total, 91 personnes dont 44 femmes et 46 hommes ont été interrogées. Le tableau suivant montre le profil des personnes interrogées.

Tableau 1 : Profil des personnes choisies de manière aléatoire

Profil des enquêté.es	**N=**
Homme	**46**
Femme	**44**
Total	**90**

Source : C. Mballo et B. Ba, 2022.

Au total, ce sont 7 focus groups composés de 29 hommes et de 34 femmes, répartis dans quatre localités, qui ont été organisés : Médina Mountaga, Thilène Sylla, Pété Ouarrack et Bisnabé Gandé. Quant aux entretiens individuels, au total 21 ont été réalisés. Ils étaient composés de 13 hommes et 8 femmes répartis dans 10 localités : Médina Mountaga, Thilène Sylla, Pété Ourrack, Bisnabé Gandé, Dépal Mbaye, Santhie Ndiob 2, Namarel, Bawédji, Bombodé et Bokki Ndoulo. Les données qualitatives dans le tableau ci-après montrent la répartition spatiale des enquêtes de terrain selon les modes de collecte et selon le sexe des personnes interrogées.

Tableau 2 : Récapitulatif du profil des entretiens individuels choisis de façon aléatoire

	Sites d'enquête	Focus group	Composition focus group		Entretiens individuels	Entretiens individuels selon le genre	
			Hommes	Femmes		Hommes	Femmes
Pôle Nord	Médina Mountaga	2	5	6	8	4	4
	Thilène Sylla	2	6	9	4	0	4
	Pété Ouarrack	1	5	7	3	3	0
	Bisnabé Gandé	2	13	12	0	0	0
	Dépal	0	0	0	1	1	0
	Santhie Ndiob 2	0	0	0	1	1	0
	Namarel	0	0	0	1	1	0
	Bawédji	0	0	0	1	1	0
	Bombodé	0	0	0	1	1	0
	Bokki Ndoulo	0	0	0	1	1	0
	Total	7	**29**	**34**	**21**	**13**	**8**

Source : C. Mballo et B. Ba, 2022

La collecte des données auprès des personnes-ressources (choisies selon leur profession et l'importance de leur rôle dans le processus de mise en œuvre du PUDC) fait état de 6 entretiens dont 4 hommes et 2 femmes. Le tableau ci-après donne le profil des personnes-ressources enquêtées.

Tableau 3 : Récapitulatif des entretiens avec les personnes ressources

Personnes ressources			
Sites d'enquête	Fonction	Domaine d'intervention dans le projet	Genre
Pôle Nord	Directeur exploitation Comasel	Concessionnaire énergie	Homme
	Entrepreneur	Piste rurale	Homme
	Maire de Ronkh	Acteur territorial	Homme
	Maire de Gamadji	Acteur territorial	Homme
	Directrice commerciale Comasel	Concessionnaire énergie	Femme
	Responsable Pri PUDC	PUDC	Femme
Total	6		

Source : C. Mballo et B. Ba, 2022

La zone d'étude choisie couvre les régions de Saint-Louis et de Louga. La zone est nommée Pôle Nord du PUDC. Elle est caractérisée par une inégale répartition de la population dans le processus d'occupation de l'espace qui se caractérise par une dualité du plein et du vide entre zone rurale et zone urbaine. « La lecture du paysage du Pôle Nord laisse apparaître au moins trois couples antagonistes : plein et vide, eau et aridité et richesse et pauvreté » (C. Mballo 2022 : 53). Les inégalités d'accès aux infrastructures et équipements sociaux de base sont frappants.

La carte suivante présente les différentes localités dans lesquelles les focus groups et entretiens ont été tenus.

Carte 1 : Localisation des différentes localités couvertes par l'étude dans le Pôle Nord du PUDC

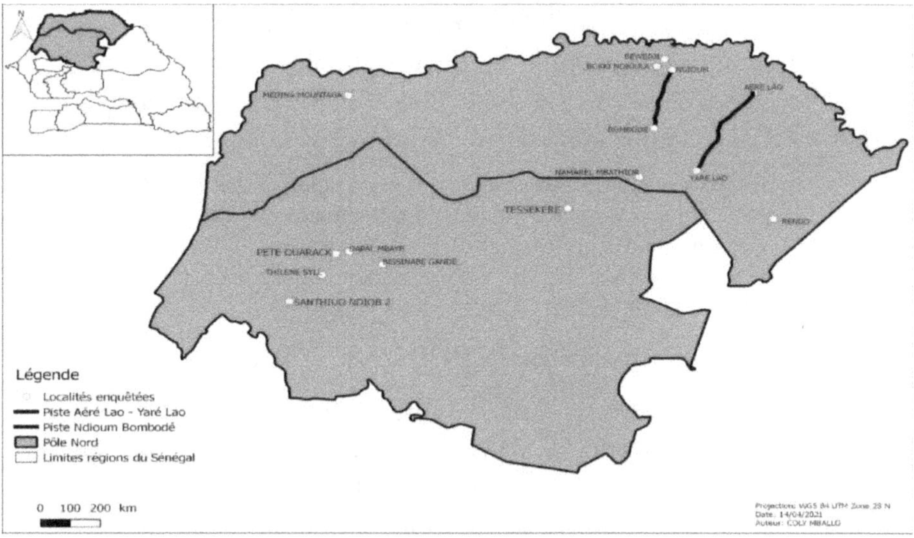

Source : C. Mballo, 2022

2. Contexte d'intervention et vision du PUDC

Le PUDC est un programme public de développement économique et social articulé autour de quatre composantes. Il est élaboré dans un contexte institutionnel de territorialisation des politiques publiques, ce qui appelle la détermination de territoires pertinents de l'action publique et dans un environnement climatique, marqué par des fortes vulnérabilités des territoires ruraux, et duquel ressort un besoin en matière d'infrastructures et équipements sociaux de base.

2.1. Le contexte de mise en œuvre du PUDC

En dépit de toutes les politiques entreprises durant la dernière décennie, l'incidence de la pauvreté reste toujours élevée surtout en milieu rural avec un taux de 57,1 % contre 26,1 % à Dakar et 41,2 % dans les autres villes (PSE 2013 : 11). Depuis 2013, le Gouvernement du Sénégal a défini une nouvelle vision politique dénommée le *Plan Sénégal Émergent* (PSE). Elle a pour vision « un Sénégal Émergent en 2035 avec une société solidaire dans un État de droit » (M. Dimé et B. Ba 2016 : 4). Ce référentiel politique a donné naissance à un ensemble de programmes[2]

[2] PUDC, PUMA, PRESCOL, PACASEN, PROMOVILLES, etc.

dont le *Programme d'Urgence de Développement Communautaire* (PUDC). Il ressort du résumé de l'évaluation environ-nementale stratégique de 2018 que l'objectif principal de ce programme est d'améliorer l'accès des populations rurales aux services sociaux de base afin de réduire les inégalités socio-spatiales et promouvoir le développement territorial[3]. Le document stipule qu'il est concrètement assigné au PUDC la mission de :

> « répondre dans un cadre cohérent et participatif, aux priorités nationales en termes de fournitures d'infrastructures de désenclavement, l'hydraulique rurale, l'électrification rurale, d'amélioration de la production agricole, de développement de chaînes de valeur, etc. » (PUDC 2018, p. 20).

2.2. Vision et composantes du PUDC

Depuis 2013, le référentiel de la politique économique et sociale du Sénégal met l'accent sur le développement des secteurs stratégiques ayant des impacts significatifs sur l'amélioration du bien-être des populations vulnérables. La protection des groupes vulnérables est garantie par l'accès aux services sociaux de base (PUDC 2018 : 2).

Pour sa phase initiale, le PUDC s'est articulé autour de quatre (04) composantes :

❖ Composante 1 : Développement d'infrastructures et d'équipements socio-économiques de base. Le développement d'infrastructures socio-économiques comprend : électrification rurale, hydraulique rurale, pistes de production et de mobilités rurales, équipements de transformation et de valorisation des produits agricoles et animaux ;

❖ Composante 2 : Productivité des populations rurales, production agricole et de l'élevage ;

❖ Composante 3 : Renforcement des capacités institutionnelles aux niveaux central et local ;

❖ Composante 4 : Développement d'un système d'information géo-référencé.

---

[3] « Un processus qualitatif de transformation des structures économique, sociale, culturelle et environnementale d'un territoire. Le développement territorial s'appuie sur la valorisation des ressources et potentialités territoriales » (Art.2 de la Loi n 2021-04 portant loi d'Orientation pour l'Aménagement et le Développement durable des territoires (LOADT).

Les réalisations du PUDC et leurs impacts, comme l'attestent les résultats obtenus des enquêtes, sont visibles dans les territoires d'intervention du programme.

3. Répartition spatiale des infrastructures et équipements du PUDC dans les territoires du Pôle Nord

La mise en place de dispositifs d'aménagements et d'équipements par le PUDC dans la zone Nord du Sénégal, tributaire des aléas climatiques et du déficit infrastructurel est importante. Ces dispositifs ont permis dans cette zone, connue pour ses aléas naturels (sécheresses, invasions de sauterelles, désertification, etc.), son déficit infrastructurel, de renforcer l'accès aux services sociaux de base. Les résultats des enquêtes, comme le montre le tableau 4, font état de quinze localités dans lesquelles le PUDC a déployé des infrastructures et/ou équipements.

Tableau 4 : Répartition des infrastructures et équipements dans le Pôle Nord

	Communes	**Villages**	**Types d'équipements**	**Sources**
Pôle Nord	Koki	Thilène Sylla	Moulin + décortiqueuse à mil	PUDC
	Pété Ouarrack	Dépal	Forage + électricité et périmètre maraîcher	Maire de la Commune
	Gandé	Bisnabé Gandé	Forage	CRDES
	Gamadji	Bawédji	Piste rurale	Entrepreneur
	Ronkh	Médina Moutaga	Électrification	
	Gamadji	Bombodé	Piste rurale	Enquête 2021
	Pété Ourrack	Pété Ourrack	Moulin + décortiqueuse	PUDC
	Communes	**Villages**	**Types d'équipements**	**Sources**
	Gamadji	Bokki Ndoulo	Électrification	Maire
	Mbédiene	Santhie Ndiob 2	Moulin à mil + broyeuse d'arachide	CRDES
	Gamadji	Namrel	Électrification	CRDES
	Gamadji	Bawédji	Électrification	Entrepreneur
	Gamadji	Bombodé	Électrification	Entrepreneur
	Ronkh	Médina Mountage	Décortiqueuse du riz + batteuse	

Source : C. Mballo et B. Ba, 2022

3.1. Infrastructures et équipements non fonctionnels

Les équipements et infrastructures mis en place par le PUDC sont relativement nombreux. En revanche, pour diverses raisons, ils ne sont toujours utilisés par leurs bénéficiaires. Par exemple, comme le montre le tableau 5, les équipements non-fonctionnels sont largement répandus dans les localités d'intervention du programme. Sur 15 infrastructures et équipements recensés dans le Pôle Nord, 10 ne sont pas fonctionnels.

Tableau 5 : Équipements non fonctionnels

Commune	Village	Types d'équipement	Source
Pété Ourack	Pété Ouarack	Moulin + décortiqueuse	PUDC
Gamadji	Bokki Ndoulo	Électrification	Maire
Mbédiene	Santhie Ndiob 2	Moulin à mil + Broyeuse d'arachide	CRDES
Gamadji	Namarel	Électrification	CRDES
Gamadji	Béwédji	Électrification	Entrepreneur
Gamadji	Bombodé	Électrification	Entrepreneur
Ronkh	Médina Mountaga	Décortiqueuse du riz + Batteuse	Enquête

Source : C. Mballo et B. Ba, 2022

Il est important de noter que les équipements non-fonctionnels sont le plus souvent ceux qui fonctionnent à l'énergie, notamment l'électricité.

3.2. Infrastructures et équipements fonctionnels

Concernant les équipements fonctionnels, donc utilisés par les bénéficiaires, les résultats des enquêtes révèlent que sur 15 infrastructures et équipements recensés, 9 sont en service, donc fonctionnels. Le tableau 6 montre que les équipements fonctionnels sont répartis dans 6 localités : Thiléne Sylla (moulin et décortiqueuse à mil), Dépal Mbaye (forage + électricité et périmètre maraîcher), Bisnabé Gandé (forage), Béwédji (piste rurale), Médina Mountaga (électricité) et Bombodé (piste rurale). L'équipement de ces localités renforce les activités socioéconomiques des communautés, allège les travaux domestiques, baisse le temps de travail et réduit la distance entre les territoires.

Tableau 6 : Équipements fonctionnels

Commune	Village	Types d'équipements	Source
Koki	Thilène Sylla	Moulin et décortiqueuse à mil	PUDC
Pété Ouracak	Dépal Mbaye	Forage + électricité et périmètre maraîcher	Maire
Gandé	Bisnabé Gandé	Forage	CRDES
Gamadji	Béwédji	Piste rurale	Entrepreneur
Ronkh	Médina Mountaga	Électrification	Maire
Gamadji	Bombodé	Piste rurale	Enquête 2021

Source : C. Mballo et B. Ba, 2022

4. Le PUDC : vers une amélioration de l'accès aux services publics en milieu rural ?

Les disparités territoriales en termes d'accès aux services publics primaires sont une des caractéristiques majeures des déséquilibres de l'aménagement du territoire au Sénégal (PNAT 1997 ; PNADT, 2013, cité par l'ANAT 2018). Les territoires ruraux sont les lieux où ces disparités sont les plus creusées, rares sont-ils à pouvoir offrir à leurs populations les services publics de base avec la qualité requise. Ces différenciations territoriales sont à l'origine du PUDC, un programme d'actions publiques de mise en place d'équipements dont la finalité est une réordination de l'organisation de l'occupation sur l'ensemble du territoire. Il s'agit là d'une autre approche de la territorialisation des politiques impulsée à partir de « l'identification des problèmes publics » (A. C. Douillet 2003 : 586) qui à terme permet d'intégrer les exigences et les demandes des citoyens (en les spécifiant) d'un territoire à un autre.

Agissant selon cette méthodologie, quasi principielle, le programme du PUDC a ainsi doté les territoires du Nord du Sénégal d'un grand nombre d'infrastructures et d'équipements dont la majeure partie relève de l'hydraulique rurale, de l'électrification rurale, des pistes de mobilité et des équipements de production et de transformation. Des enquêtes de terrain ressort la perception des acteurs du PUDC sur deux temporalités, celle de la situation qui a précédé les réalisations du PUDC et celle des impacts et des effets induits par les infrastructures et équipements du PUDC. De notables changements sont notés sur les conditions de vie et de bien-être (l'hydraulique rurale, l'électrification, les pistes rurales) des communautés et sur les relations entre les hommes et les femmes.

4.1. L'hydraulique rurale : facteur correctif de l'inégalité des chances et de l'inéquité territoriale

Le contexte climatique dans la zone Nord est relativement contraignant. Les irrégularités pluviométriques et les températures élevées sont des facteurs permanents de réduction du potentiel hydrique (affluents et défluents du fleuve Sénégal, les marigots et mares, etc.) nécessaires pour l'agriculture et le pastoralisme. Au niveau domestique, l'accès à l'eau potable demeure un objectif pour une grande partie de la population de la zone.

En agissant alors dans le secteur de l'hydraulique, notamment par la mise en place de dispositifs infrastructurels, les enquêtes démontrent que dans les villages d'intervention du programme, l'équité socio-spatiale en termes d'accès à l'eau a augmenté, les activités pastorales se sont améliorées, la santé et la protection sociale des femmes et des filles ont également connu des améliorations. Par exemple, dans le village Bisnabé Gandé, la mise en place du forage a permis aux enfants et aux femmes de réduire de moitié le temps qu'ils consacraient à la recherche de l'eau pour le bétail. Le forage a aussi modifié le système de transhumance parce qu'il a réduit les distances menant aux points d'eau, allégeant du coup les tâches des enfants et des femmes à qui il revenait de conduire quotidiennement les petits ruminants. L'adjoint au maire de Bisnabé Gandé décrit les mutations socio-spatiales induites par le forage dans sa commune :

> « Si ce n'était pas le forage du PUDC, on se levait très tôt pour porter notre bâton et aller jusqu'à 10 à 12 km pour trouver de l'eau. Mais, aujourd'hui, tu donnes tes vaches à boire et tu prends un véhicule pour aller aux loumas pour chercher de l'argent. Mais, les enfants aussi ont maintenant le temps d'aller à l'école. À l'époque, tout le monde se levait pour aller chercher de l'eau. Tu connais le village qu'on appelle Thionodock ? Ce qui a amené le nom c'est «Thiono » plus «Ndock » qui signifie littéralement « les difficultés d'eau ». Ça c'est fini ici. Alhamdoulillah !»

Dans les localités de Pété Ouarack et de Dépal Mbaye, les difficultés de l'accès à l'eau en quantité et en qualité furent fréquentes avant l'intervention du PUDC. Mamadou Wéllé, premier adjoint au Maire de

Pété Ouarack, fait observer : « on avait toujours des cas de maladies liées au sel. Depuis l'arrivée du PUDC, on nous dit plus que nos épouses ont du sel. » Les cas de maladies liées à la qualité de l'eau étaient plus fréquents chez les femmes.

Dans le domaine agricole, des infrastructures hydrauliques du PUDC sont mises au service des périmètres maraichers. Leurs impacts sont observables sur le terrain. À Dépal Mbaye, le forage permet d'accompagner un périmètre maraîcher de 500 ha dans lequel un grand nombre de jeunes travaillent en permanence. Pour Mamadou Wéllé :

> « Il y a de bons effets dans notre zone. Parce que juste pour ce périmètre, il y a eu un nombre important de demandes que j'ai avec moi. Ce sont des gens qui veulent venir travailler ici dès que le périmètre démarre ses activités. La plupart de ces gens sont des jeunes de 18 ans, 20 ans, 25 ans et 30 ans ».

4.2. L'électrification rurale : facteur d'émergence et d'impulsion de l'écosystème entrepreneurial en milieu rural

Dans les localités de Médina Mountaga et de Dépal Mbaye, les résultats d'enquête sur les réalisations du PUDC en électrification révèlent des mutations et une diversification des activités dans les systèmes productifs (nouvelles activités économiques) mais également des impacts positifs sur le bien-être et la sécurité sociale. Concrètement, l'électrification rurale a renforcé les dynamiques socioéconomiques. À Médina Mountaga, depuis le raccordement des ménages au réseau électrique du PUDC, les populations s'adonnent au commerce comme la vente de glace. Cette activité génératrice de revenus apparue dans le village après l'électrification par le PUDC réveille les capacités créatives de la population. Une des ménagères interrogées à Médina Mountaga lors de enquêtes témoigne :

> « Depuis l'arrivée du réseau électrique, on a des frigos et des télés. Il y a des gens qui vendent de la glace. Moi j'ai un frigo et je vends de la glace. En ce sens, les revenus gagnés dans l'activité commerciale sont réinvestis dans le ménage. J'investis dans les dépenses de la maison. »

Parmi les mutations notées et dues à l'électricité figure le renforcement de l'écosystème entrepreneurial dans les territoires bénéficiaires. L'accès à l'électricité modifie et redistribue les rôles en créant par exemple des activités communes entre les hommes et les femmes. L'activité de la vente de glace permet d'observer les transformations en question. À Médina Mountaga, le témoignage suivant illustre les dynamiques en cours : « moi, mon enfant vend de la glace. À la fin du mois, je paye 12 500 F CFA parce que payer le courant est difficile. C'est mon mari qui a raccordé l'électricité. »

Les résultats montrent également une masculinisation des activités qui jusque-là étaient perçues pour certains comme typiquement féminine. La vente de glace est devenue une affaire d'homme. Quant au paiement du coût de l'électricité, il est assuré par les agents économiques du ménage (personnes qui utilisent l'électricité du ménage pour leur propre travail) qui tirent des revenus de l'utilisation de l'électricité. Enfin, l'accès à l'électricité agit sur le sentiment de sécurité dans les territoires du PUDC et la réduction des distances parcourues pour l'accès aux services vitaux, surtout pour les populations dont les conditions socio-économiques obligeaient à presque « se confiner » dans les limites de leur territoire et se voyant ainsi priver de moyens matériels d'existence. Ce sont ces conditions sociales et matérielles limitantes que l'accès à l'électricité a bouleversées. Selon le témoigne d'une ménagère à Médina Mountaga :

> « L'électrification a eu des effets. Avant, on allait jusqu'á Richard-Toll pour avoir de la glace. Même en période de jeûne, tu restes jusqu'au crépuscule sans avoir de la glace. La glace était à 200f cfa et maintenant, c'est à 100 F CFA. Ça a diminué la fatigue des gens. L'électrification a eu des effets. On le sent. Mon village est comme Dakar ; si tu as besoin de l'eau fraîche, tu bois. »

L'électrification rurale est très appréciée par les autorités territoriales. Exprimant sa satisfaction, le Maire de la Commune de Ronkh déclare que :

> « au niveau de la Commune de Ronkh, il y a 8 villages qui ont été électrifiés à l'aide du programme du PUDC. Et ça, cas même c'est important parce que ce sont des villages peut-être qui si nul était ce programme, ils n'allaient pas être électrifiés. Donc, ça c'est un élément positif que nous apprécions. »

Les témoignages mettent en lumière les transformations socio-économiques et spatiales dans les territoires d'intervention du programme. Outre les mutations des systèmes productifs, les changements relationnels entre les hommes et les femmes, le programme a généré une évolution des conditions de vie ; les enfants ne vont plus de village en village pour regarder des matchs de football, révisent plus facilement leurs leçons, les téléphones sont rechargés dans les maisons non à Ross-Béthio comme cela se faisait avant le PUDC. Donc, globalement l'électrification rurale apparaît alors comme un élément moteur de l'entreprenariat rural parce qu'elle génère de nouvelles activités, redistribue les rôles entre les hommes et les femmes et installe des rapports sociaux et de travail autrefois étrangers dans cette zone. Sur le plan spatial, le sentiment de sécurité généré par l'éclairage du village la nuit ainsi que la réduction des distances sont autant de facteurs de réordonnancement de l'occupation de l'espace.

4.3. Les pistes rurales : facteur de densification et d'intensification de la mobilité pour le développement de l'économie de l'environnement sanitaire en milieu rural

Dans le Nord Sénégal, le PUDC a réalisé environ 75 km de pistes rurales dans le département de Saint-Louis. Le linéaire de 35 km sur l'axe Ndioum–Bombodé a permis de desservir plusieurs villages et hameaux qui étaient jusque-là enclavés et moins accessibles. « Il y a Mbogui Ndoulo, Béwédji, Fétéré, Pété Joé, Loumbel, Ndiowré, Winar, Loubol Thilly, Adjé Bally, Wédou Djémé, Gassé, Mbogui Gounédjé, etc., tous ses villages qui sont de l'Est et d'autres de l'Ouest, la piste les a aidés » explique un habitant de Bombodé. Ces pistes de production et de mobilité ont eu des effets sur les localités desservies en alimentant la vie socio-économique par la mobilité des flux de personnes et de biens. À ce titre, les résultats montrent que les pistes de mobilité du PUDC ont permis aux femmes de se déplacer et d'aller au marché de Ndioum[4] » et de leur donner accès à d'autres services primaires (services de santé, d'écoles, loumas, etc.) (C. Mballo 2022).

Les pistes du PUDC ont amélioré l'accessibilité aux soins de santé. Ainsi, elles ont contribué à améliorer le bien-être des populations desservies. Les entretiens révèlent que les infrastructures de mobilité ont facilité les évacuations d'urgence en réduisant les risques de décès en cours de route sur l'axe Ndioum-Bombodé. « Surtout pour la santé, c'est très important pour les femmes enceintes et les malades. Ça a beaucoup aidé. Wallahi, ça facilite les évacuations » explique un habitant de Béwédji.

Au plan éducatif, les pistes de production et de mobilité du PUDC facilitent la mobilité pendulaire des élèves. Depuis le mis en service de la piste de Ndioum-Bombodé, tous les élèves résidant au bord de la piste et étudiant à Ndioum font la mobilité pendulaire pour aller étudier et revenir. « Nous n'avons pas de lycée, on n'a pas de CM. Les élèves s'ils voient sur leur emploi du temps qu'ils n'ont pas de cours à 8 heures, ils peuvent quitter ici et aller à Ndioum. Même mon fils le fait » témoigne

---

[4] *Idem.*

le conseiller municipal à la mairie de Gamadji Saré. Les pistes contribuent à renforcer le taux de fréquentation des jeunes à l'école tout en réduisant le taux d'absentéisme.

Les pistes du PUDC ont renforcé l'économie rurale du Nord du Sénégal. Le souci de tout individu est de se déplacer à temps et à moindre coût. C'est à cette préoccupation spirale de temps/coût que les pistes du PUDC répondent. « Avant, on payait 700 F CFA, maintenant, on paie 500f pour aller à Ndioum[5] ». Pour P. Berion, G. Joignaux *et al.*, (2007 : 655) :

> « l'abaissement des coûts de transport présente alors deux avantages : il permet une réduction des coûts de circulation et, en favorisant les échanges, il soutient le développement de la production (possibilité de produire et d'écouler à meilleur coûts les marchandises et agrandissement des aires de marchés) ».

Cette assertion est confirmée par un habitant de Béwédji qui montre qu'avant la construction de la piste de mobilité sur l'axe Ndioum-Bombodé, le trajet durait 2 à 3 heures de temps. Mais, depuis la mise en service de la piste du PUDC, la durée du trajet est de 20 à 30 mn. En somme, les infrastructures contribuent à la réduction des inégalités socio-spatiales.

5. Discussion

Les résultats présentés dans ce travail suggèrent que le *Programme d'Urgence de Développement Communautaire* contribue à la gouvernance et à l'équité territoriale par la fourniture des infrastructures et équipements socioéconomiques de base. Les différentes composantes du programme (eau, électricité et pistes rurales) ont des effets positifs sur la mise en cohérence des territoires et la lutte contre les inégalités sociospatiales. Ces services fournis aux populations rurales améliorent leurs conditions de vie tout en renforçant leurs activités socioéconomiques.

Les résultats révèlent que la composante hydraulique rurale améliore l'accès des populations à une eau de quantité et de qualité contribuant ainsi à la stabilité des activités socioéconomiques dont le pastoralisme. L'accès à l'eau soulage les couches vulnérables en milieu rural (femmes et enfants). Il contribue à renforcer le taux de fréquentation des enfants éleveurs à l'école. L'étude de l'accès à l'eau est conditionnée par plusieurs paramètres qui incluent la distance, l'assainissement des abords des points de distribution, le temps d'attente, les horaires

[5] *Ibidem.*

d'ouverture, le prix à payer et le mode de recouvrement (PEPAM 2016 : 9). En effet, tenant compte de tous ces paramètres, l'accès à l'eau reste faible dans la zone Nord du Sénégal.

Quant au volet électrification rurale du PUDC, il a contribué à la sécurité et à la connectivité des territoires longtemps enclavés en réseau électrique et de télécommunication. L'accès à l'électricité nourrit les dynamiques entrepreneuriales. Il améliore ainsi l'environnement scolaire des enfants en renforçant la durée de lecture des écoliers. Cependant, l'extension du réseau pour l'éclairage public et le prix à payer laissent encore à désirer.

Les pistes rurales du PUDC constituent des piliers de la vie économique et sociale des territoires bénéficiaires. Les tendances observées révèlent que les pistes de production et de mobilité du PUDC sont des éléments importants pour les territoires ruraux. À la lumière des travaux de C. Mballo (2022 : 110-111), « les pistes de mobilité sont des forces productives qui renforcent la compétitivité territoriale et participent à la mise en ordre de l'espace géographique tout en brisant l'espace euclidien et la discontinuité territoriale ». Les résultats montrent également que les infrastructures renforcent la proximité géographique et citoyenne, ce qui améliore la gouvernance territoriale et rejoint alors la notion de « proximité institutionnelle » (F. Leloup, L. Moyart et B. Pecqueur 2005 : 3). Au contexte actuel de la mondialisation, « nul ne peut imaginer une société sans déplacements, sans échanges » (P. Bérion, G. Joignaux *et al.* 2007 : 653).

La contribution du PUDC au maillage du territoire national en infrastructures est un élément constitutif de la lutte contre les disparités spatiales, territoriales et régionales car la faiblesse des infrastructures et des équipements est un des premiers freins à la croissance (O. Estache 2007 ; A. G. Rimbert 2015). Les infrastructures agissent comme un « facteur déterminant dans la formation d'une croissance économique durable et soutenue » (A. Zakane 2009 : 31). Celles du PUDC rentrent également dans cette perspective gouvernementale d'ériger des pôles de développement territorial sur l'ensemble du pays. Concrètement, ressortent des résultats d'enquêtes des territoires outillés en infrastructures, des localités désenclavées et des services sociaux densifiés. En agissant ainsi, le PUDC apparaît alors comme un des outils (en plus du PUMA, PROMOVIL, PRODAC, etc.) de l'opérationnalisation de la stratégie de développement territorial adoptée au Sénégal à partir de 2013 dans le cadre de la territorialisation des politiques publiques de développement.

Malgré les impacts positifs des infrastructures et équipements, le Programme pourrait souffrir dans un moyen et long terme parce que n'ayant pas préalablement cherché à adosser les réalisations dans les territoires bénéficiaires sur leurs atouts et opportunités, leurs forces et faiblesses. Cette approche privilégiant l'offre infrastructurelle comporte un certain nombre de biais dans le domaine du développement territorial où la non prise en compte du caractère systémique de l'espace territorial, l'ancrage des acteurs et des ressources s'avère un facteur d'échec presque inéluctable ; « le développement territorial relève davantage d'une dynamique de transformation d'éléments déjà existants et souvent immatériels que de leur création ex-nihilo » (P. Bérion *et al.* 2007 : 658).

La subtilité et la complexité de la lutte contre les inégalités sociospatiales en milieu rural sénégalais ne se résument à une dotation en infrastructures. Certes, leur nécessité dans une société de consommation et leur capacité à soulager la population sont deux données indiscutables, par contre elles ne garantissent pas l'accès sûr et définitif à toute la population. Des causes d'inégalités socioéconomiques et spatiales subsistent. Il en est par exemple de la question foncière, des traitements différenciés dans l'accès aux ressources selon qu'on est homme ou femme, des disparités en termes de capacité à se former ou à accéder à l'information et à la connaissance, etc. Il s'agit là de facteurs, en majeur partie quasi-endogènes, dont la prise en compte ou non détermine la qualité des services offerts par le PUDC et plus globalement l'efficacité et l'efficience desdits services (C. Alvergne 2008).

Conclusion

Après cinq ans de mise en place d'infrastructures et d'équipements dans les territoires ruraux, le PUDC agit dans une perspective de correction des disparités socioéconomiques et spatiales et d'équité dont sont porteuses les différentes régions du Sénégal. Cet article révèle que les réalisations du PUDC, constituées principalement d'actifs physiques, visent à combler un des déficits générateurs de retards de développement territorial. Ce faisant, le PUDC poursuit une « vérité » de l'aménagement du territoire selon laquelle, là où elles existent, les infrastructures jouent le statut de facilité essentielle ; c'est-à-dire d'actifs nécessaires à la vie économique et sociale (A. Quinet 2012). Et pour certains spécialistes de la géographie, notamment J. Lévy et M. Lussault (2003 : 512), « les infrastructures [...] assurent la connexion des lieux de l'espace géographique et leur confèrent une fonction sociale créatrice de territoire/territorialité ». L'étude du PUDC dans la zone nord du Sénégal met en exergue comment des infrastructures créées ex-nihilo génèrent des fonctions et services d'une part, et d'autre part, reconfigurent les territorialités individuelles et collectives dans une perspective d'amélioration des conditions de vie. Mais en même temps, ce travail révèle le versant caché du PUDC, celui de la gouvernance territoriale. Une question centrale en matière de territorialisation des politiques publiques de développement sur laquelle (concernant le PUDC) la composante communautaire (population) et territoriale (acteurs) gagnerait à être davantage intégrée, d'amont en aval du processus stratégique. Il s'agit d'une sorte d'exigence méthodologique qui requiert de l'État de rechercher « l'optimum territorial » (B. Ba 2016 : 92), par le renforcement de la coordination et la coopération des acteurs de l'aménagement du territoire pour chaque échelle territoriale donnée.

Références bibliographiques

Agence Nationale de l'Aménagement du territoire, 2018, *Plan National d'Aménagement et de Développement Territorial (PNADT) Horizon 2035*, 277 p., [En ligne], URL : http://anat.sn/pnadt/PNADT-Rapport.pdf (consulté le 5 Novembre 2022).

ALVERGNE Cristel, 2008, *Le défi des territoires. Comment dépasser les disparités spatiales en Afrique de l'Ouest et du Centre,* Paris, Karthala.

BA Amadou Saïd, 2018, « Accès universel et durable à l'électricité au Sénégal. Les conditions du succès », dans Université Paris-Dauphine, PSL Research University, 63 p., [En ligne], URL : https://hal.archives-ouvertes.fr/hal-01956217/document (consulté le 02 juillet 2020).

BA Boubacar, 2016, « Territorialisation du développement local au Sénégal : impensées, cheminements, enjeux et limites d'un concept et d'une approche » dans Mamadou Diouf et Souleymane Bachir Diagne (dir.), *Les sciences sociales au Sénégal : Mise à l'épreuve et nouvelles perspectives*, Dakar, CODESRIA, pp: 67-95.

DIME Mamadou et BA Boubacar, 2016, « L'émergence en lieu et place du développement au Sénégal : changement cosmétique, nouvelle mode institutionnelle ou (r)évolution paradigmatique ? », dans *Revue des mutations en Afrique / Journal of african Transformation*, vol. 1, n° 2 : 1-21, [En ligne], URL : http://repository.uneca.org (consulté le 10 juin 2022).

BÉRION Pascal, JOIGNAUX Guy et LANGUMIER Jean-François, 2007, « L'évolution socio-économique des infrastructures de transport : enrichir les approches du développement territorial », dans *Revue d'Économie Régionale et Urbaine*, vol. 4 : 651-676, [En ligne], URL : https://www.cairn.info/revue-d-economie-regionale-et-urbaine-2oo7-4-page-651.htm (consulté le 06 juin 2022).

DOUILLET Anne-Cécile, 2003, « Les élus ruraux face à la territorialisation de l'action publique », dans *Revue française de science politique*, vol. 53, n° 4 : 583-606.

ESTACHE Antonio, 2007, « Infrastructures et développement : une revue des débats récents et à venir », dans *Revue d'économie du développement*, vol. 15, n° 4 : 5-53, [En ligne], URL : https://doi.org/10.3917/edd.214.0005 (consulté le 29 juin 2022).

LELOUP Fabienne, MOYART Laurance et PECQUEUR Bernard, 2005, « La gouvernance territoriale comme nouveau mode de coordination territoriale ? », dans *Géographie, économie, société* », vol. 7, n° 4 : 321-332, [En ligne], URL : https://www.cairn. inforevue-geographie-economie-societe-2005-4-page-321.htm (consulté le 18 mai 2022).

LEVY Jacques et LUSSAULT Michel, 2003, *Dictionnaire de la géographie et de l'espace des sociétés,* Paris, Belin.

MBALLO Coly, 2022, *Variabilité climatique et vulnérabilité des populations : Analyse des interventions du PUDC dans le Pôle Nord du Sénégal,* Mémoire de Master en Géographie, Université Gaston-Berger de Saint-Louis (Sénégal), 153 p.

QUINET Alain, 2012, « Le financement des infrastructures, une revue d'économie financière », n° 108 : 27-49, [En ligne], URL : https://books.openedition.or/igpde (consulté le 30 mai 2022).

RÉPUBLIQUE DU SÉNÉGAL, 2021, *Loi n° 2021-04 portant Loi d'Orientation pour l'Aménagement et le Développement Durable des Territoires (LOADT)*, 14 p.

RÉPUBLIQUE DU SÉNÉGAL, 2018, *Projet d'Appui au Programme d'Urgence de Développement Communautaire : résumé Évaluation Environnementale Stratégique*, 20 p., [En ligne], URL : https://www.afdb.org (consulté le 30 juin 2022).

RÉPUBLIQUE DU SÉNÉGAL, 2013, *Plan Sénégal Émergent,* 107 p., [En ligne], URL : https://www.un-page.org (consulté le 30 juin 2022).

SÈNE Abdourahmane Mbade et CODJIA Claude, 2016, « Dynamiques de l'aménagement du territoire et inégalités socio-spatiales au Sénégal », dans *Cahiers de géographie du Québec*, vol. 60, n° 169 : 11- 27.

ZAKANE Ahmed, 2009, « L'impact des dépenses d'infrastructures sur la croissance en Algérie. Une approche en séries temporelles multivariées (VAR) », dans *Les cahiers du CREAD*, n° 89, 23 p.

3.

Ciblage des ménages bénéficiaires de bourse sociale au Sénégal du programme national de bourses de sécurité familiale (PNBSF) : évaluation avec un modèle de *scoring* de variables explicatives

Cheikh Ahmed Bamba Diagne
Université Cheikh Anta Diop de Dakar, Sénégal
bamba.diagne@ucad.edu.sn

Daouda Mané
Ministère du Développement Communautaire,
de l'Équité sociale et territoriale,
République du Sénégal
daoudamane2001@yahoo.fr

Résumé

L'objectif de cet article est d'établir une conceptualisation du classement des bénéficiaires du *Programme national de Bourses de Sécurité Familiale* (PNBSF) à partir d'un échantillon de 385 ménages pauvres et vulnérables tirés dans une population de 542 956 du Registre National Unique. Ici on propose d'estimer leur probabilité d'accéder à une bourse de sécurité familiale par la procédure du modèle Logit afin de réduire les erreurs d'inclusion et d'exclusion. Les résultats montrent que la probabilité d'obtenir une bourse de sécurité familiale est une fonction croissante des variables suivantes : accès à l'assainissement, fréquentation des structures de santé, nombre de repas par jour, statut d'occupation du logement, travail des enfants, handicap, type de logement, revêtement toit et revêtement mur. La variable scolarisation des enfants n'a pas d'effet sur l'octroi de bourse contrairement à ce que défendait l'État. Le test de Wald à deux degrés de liberté est égal à 122,66 avec une probabilité critique nulle et que 51,2 % des fluctuations de la probabilité d'obtenir une bourse de sécurité familiale sont expliquées par les variables retenues. Le pouvoir prédictif global du modèle est de 86,49 %. La courbe Receiver Operating Characteristic (ROC) indique que le modèle Logit est excellent avec un pouvoir de prédiction de 92,85 %.

Mots clés : Modèle Logit, Bourses de sécurité familiale, pauvreté, inclusion, probabilité.

Abstract

The objective of this paper is to establish a conceptualization of the ranking of the beneficiaries of the National Family Security Grant Program from a sample of 385 poor and vulnerable households drawn from a population of 542,956 from the Single National Register. Here we propose to estimate their probability of accessing a family security grant using the logit model procedure to reduce inclusion and exclusion errors. The results show that the probability of obtaining a family security grant is an increasing function of the following variables: access to sanitation, attendance at health facilities, number of meals per day, housing tenure status, child labour, disability, type of housing, roof covering and wall covering. The children's schooling variable has no effect on the granting of scholarships, contrary to the government's claim. The Wald test with two degrees of freedom is equal to 122.66 with a critical probability of zero and that 51.2% of the fluctuations in the probability of obtaining a family security grant are explained by the variables retained. The overall predictive power of the model is 86.49%. The Receiver Operating Characteristic (ROC) curve indicates that the Logit model is excellent with a predictive power of 92.85%.

Key words: Logit model, family security grants, poverty, inclusion, probability.

Introduction

Il ressort du rapport mondial sur la protection sociale 2020-2022 du Bureau International du travail (BIT) en 2021 que malgré les efforts déployés dans de nombreuses régions du monde pour étendre la protection sociale, beaucoup de pays rencontraient des difficultés considérables pour faire du droit humain à la sécurité sociale une réalité pour tous lorsque s'est déclarée la pandémie de COVID-19. Des progrès ont été accomplis dans le monde ces dix dernières années en vue d'étendre la protection sociale et de mettre en place des systèmes de protection sociale, y compris des socles, fondés sur les droits et traite de l'impact de la pandémie de COVID-19.

Cinq points essentiels se sont dégagés : la pandémie a mis en évidence les inégalités tenaces et les lacunes importantes qui subsistent dans tous les pays en matière de couverture, d'exhaustivité et d'adéquation de la protection sociale aux besoins des populations ; répondant à la crise de la COVID-19, les pays ont placé une emphase sans précédent sur les politiques de protection sociale ; la reprise socio-économique demeure incertaine et il reste plus que jamais nécessaire d'investir dans la protection sociale ; les pays sont à l'heure des choix en ce qui concerne la trajectoire à suivre par leurs systèmes de protection sociale ; la mise en place de systèmes de protection sociale universels et la concrétisation du droit humain à la sécurité sociale pour tous constituent la pierre angulaire d'une approche centrée sur l'humain pour parvenir à la justice sociale.

Dans le cadre de leur contribution et du suivi du *Programme de développement durable à l'horizon 2030*, les États africains ont besoin d'appliquer des politiques de protection sociale efficaces. Le Sénégal affiche une économie dynamique tirée principalement par le secteur tertiaire. En effet, le taux de croissance moyen sur la période 2014-2019 est de 6,1 % avec un pic de 7,4 % en 2017. Cette évolution de la richesse a sensiblement amélioré le revenu par habitant qui a progressé de 15,8 % en termes réels sur la période. Malgré ces bonnes tendances, le nombre de pauvres a augmenté entre 2011 et 2018, passant de 5, 8 millions à plus de 6 millions alors que le taux de pauvreté monétaire a enregistré une baisse de 5 points sur la même période. Le taux de pauvreté monétaire est estimé à 37,8 % entre 2018 et 2019, contre (42,8 %) par rapport à 2011. Quant à l'extrême pauvreté, le taux est passé de 12,2 % à 6,8 %.

Dans le cadre du *Plan Sénégal Émergent* (PSE), l'unique référentiel de la politique économique et sociale sur le moyen et le long terme du Sénégal, la protection sociale intègre, dans une stratégie plus large, la transformation économique et la promotion des droits humains. Elle se réfère à des mécanismes, des interventions ou initiatives formelles et informelles destinés à protéger les individus, les familles et les communautés à mieux prévenir et se protéger contre les risques et vulnérabilités, à avoir accès aux biens et services fondamentaux, à bénéficier de la création de richesses, ou encore à s'intégrer dans une dynamique d'auto-promotion et d'épanouissement.

Face à l'extrême pauvreté, aux difficultés d'autonomisation et d'accès aux soins de santé de la population en vue d'accélérer l'atteinte des *Objectifs de développement durable* (ODD) et dans le souci de réduire la probabilité de perte dévastatrice du bien-être des populations, du basculement ou du maintien dans la pauvreté chronique des groupes vulnérables, le Gouvernement sénégalais a élaboré la *Stratégie Nationale de Protection Sociale* (SNPS 2015-2035). La question est de savoir, quelles sont les variables explicatives permettant au PNBSF d'octroyer les bourses de sécurité familiale en évitant au maximum les erreurs d'inclusion et d'exclusion ? L'objectif de cet article est d'établir une conceptualisation du classement des bénéficiaires du programme de bourse familiale.

1. Revue de la littérature

La théorie économique dominante retient que la pauvreté est reconnue comme une privation de bien-être lequel est perçu de diverses manières selon les écoles. La littérature abonde d'approches qui se proposent de mesurer le bien-être et qui déterminent différemment les profils de pauvreté. Ces approches peuvent être regroupées en deux grandes familles : les approches monétaires et celles non monétaires. Fort de ce constat, le Sénégal s'est engagé depuis 2015, suite aux évaluations de l'état de mise en œuvre des *Objectifs du Millénaire pour le Développement* (OMD), dans la production d'un outil destiné à mieux appréhender la pauvreté sous toutes ses formes, afin que « personne ne soit laissé en rade ».

1.1. Approches monétaires

Elles sont basées essentiellement sur le bien-être économique. Le revenu ou les dépenses sont classiquement utilisés comme proxy pour déterminer ce bien-être économique. La pauvreté y est assimilée à une insuffisance de ressources monétaires. L'identification de la pauvreté passe par la définition d'un seuil ou standard minimum représentant la frontière en dessous de laquelle un individu est considéré en situation de manque. Les pauvres sont ceux qui n'atteignent pas ce niveau minimal défini de bien-être. Dans cette approche monétaire, la manière de déterminer le seuil permet de distinguer deux sous approches (absolue et relative).

1.1. 1. La pauvreté absolue

Selon les Nations unies, un individu est dit en état de pauvreté absolue quand il n'a pas les moyens de se procurer un panier de biens considérés comme indispensables à sa survie. Pour la Banque mondiale, « une personne est en situation de pauvreté absolue lorsqu'elle ne dispose pas de revenu nécessaire pour assurer sa survie ».

1.1.2. La pauvreté relative

Il s'agit d'une approche basée sur la mesure de la pauvreté à partir de critères dits relatifs. La détermination du seuil relatif repose sur la distribution des revenus ou des dépenses dans la population[6]. Généralement, le revenu médian ou moyen est utilisé pour la détermination du seuil. Les quartiles, les déciles ou les quintiles peuvent aussi servir. Dans le cas où la médiane/moyenne est utilisée, la ligne de pauvreté est alors une proportion du revenu médian/moyen (souvent entre 40 et 60 %). L'indicateur de la pauvreté relative souffre de limites. Par exemple, en doublant le revenu de chacun, on a toujours autant de pauvres ; si les ressources des individus les plus pauvres progressent, mais à un rythme moins rapide que le revenu médian, alors le nombre de pauvres augmente. Il faut noter que de faibles niveaux de revenus ou de dépenses ne sont pas toujours synonymes de mauvaises conditions de vie. D'ailleurs, F. Bourguignon et S. R. Chakravarty (2003) considèrent que le bien-être dépend à la fois de variables monétaires et non monétaires. Par conséquent, l'approche monétaire de la pauvreté n'est pas la seule envisageable. Ainsi, le recours aux approches non monétaires permet de compenser certaines limites relevées dans celles monétaires.

1.2. Approches non monétaires

Dans les approches non monétaires, la pauvreté est généralement étudiée sous l'angle des conditions de vie ou d'existence ou encore sous celui des « capabilités ».

1.2.1. Approche conditions d'existence (besoins de base)

Le sociologue anglais P. Townsend (1979) a développé une analyse de la pauvreté fondée sur les conditions d'existence ou les privations. Une privation représente une exclusion par rapport au mode de vie dominant, tel qu'il ressort des pratiques sociales. Elle peut concerner l'alimentaire, l'habillement, l'habitat, l'environnement, ou plus généralement l'accès à une pratique habituelle et approuvée par la société environnante. Ces dimensions matérielle et immatérielle renvoient au terme de « pauvreté humaine ». La difficulté consiste à

[6] Les pays d'Eurostat (y compris la France) et la Côte d'Ivoire utilisent cette approche relative de la pauvreté pour mesurer le phénomène.

définir une liste d'items indispensables[7] pour lesquels la privation peut représenter un signe de pauvreté. Ainsi, dans cette optique, la pauvreté résulte de la non satisfaction des besoins de base. Ce concept de pauvreté humaine a également été adopté par le Programme des Nations unies pour le développement (PNUD 1990). Ce dernier considère que cette notion de pauvreté humaine est intrinsèquement liée à celle de « développement humain » lequel repose sur trois piliers essentiels, à savoir l'éducation, la santé et l'emploi. En opérationnalisant cette notion, le PNUD parvient à définir un « indice de pauvreté humaine » (IPH) qui intègre ces trois piliers du développement humain qui constitue le socle de ses interventions. L'analyse de la pauvreté sous l'angle de ses manifestations, fussent-elles multiples, n'est pas suffisante, car elle ne renseigne pas sur la capacité des individus à atteindre des états souhaitables. La liberté de choisir entre les différents types de vie souhaitée (« capabilité ») n'est pas cernée. Ce qui la différencie de l'approche par les « capabilités » d'A. Sen (1985).

1.2.2. Approche par les capabilités

Développée par A. Sen (1985), l'approche par les « capabilités » a une portée qui va au-delà de l'approche basée sur les résultats et apporte un surplus d'explications sur les faits ou résultats. Elle offre un cadre d'analyse alternatif pour évaluer la qualité de vie des individus. La liberté y occupe une place centrale. Une « approche par les capabilités » est un espace d'évaluation dans lequel le bien-être individuel n'est plus mesuré par l'utilité mais par la « capabilité ». A. Sen met en exergue dans son approche la notion de « fonctionnement ». Pour le définir, il prend plusieurs exemples dont celui du pain : ce dernier serait appréhendé de différentes manières, selon l'angle de vue théorique adopté. Une lecture utilitariste soulignera le fait que le pain, par sa consommation, crée de l'utilité, comprise comme bonheur ou satisfaction de désirs. Une autre lecture considèrera le pain avec ses caractéristiques nutritionnelles (calories, glucides, sels minéraux) ou autres (conventions sociales, facteur de rapprochement entre personnes). Ainsi, dans cette approche, le pain sera apprécié par les capacités particulières de fonctionner dont il dote la personne : par exemple, être affranchi de la faim, ne pas avoir de carences nutritionnelles. Une « caractéristique »

---

[7] On montre qu'avec une liste élargie d'items, la frange de la population qui cumule un grand nombre de privations peut être considérée comme pauvre en termes d'existence, indépendamment du choix précis des items (Cf. S. Lollivier et D. Verger 1997).

d'un bien est donc un trait qui lui est propre. En revanche, un « fonctionnement » est un trait caractéristique de la personne, en relation avec le bien. Cette approche a inspiré de nombreux travaux notamment ceux du PNUD (1997) et de S. Alkire et J. Foster (2007).

1.3. Concepts communs aux deux approches

Quelle que soit l'approche considérée, un certain nombre de concepts tels que la vulnérabilité, la pauvreté transitoire ou extrême, etc. sont souvent usités pour caractériser davantage le phénomène.

1.3.1. La pauvreté transitoire/structurelle

Ce concept conduit à faire la différence entre la persistance dans l'état de pauvreté (chronique) et une forme 18, transitoire qui résulte d'une conjoncture défavorable. Cette approche dynamique de la pauvreté nécessite une observation du phénomène dans le temps et surtout sur les mêmes unités. En termes de portée, elle permet d'affiner les politiques et programmes de lutte contre la pauvreté selon sa nature (structurelle ou conjoncturelle).

1.3.2. La pauvreté extrême

Généralement, pour définir le concept, on fait recours à deux seuils (un pour l'identification des pauvres et un second pour classifier ces pauvres). Dans l'approche monétaire, par exemple, une personne vit en situation d'extrême pauvreté si elle ne dispose pas des revenus nécessaires pour satisfaire ses besoins alimentaires essentiels définis sur la base de besoins caloriques minimaux (1800-3000 calories par jour et par personne selon les pays).

1.3.3. La vulnérabilité

La vulnérabilité renseigne sur le dommage potentiel qu'un évènement particulier pourrait causer s'il se réalisait. Le concept peut être appliqué à un individu ou à un groupe social selon qu'il soit capable de prévenir, de résister et de faire face à un choc. Les personnes vulnérables sont celles qui, pour plusieurs raisons, n'ont pas cette capacité de résilience et qui se trouvent, par conséquent, dans une situation de risque potentiel.

2. Méthodologie

Dans la situation où une variable qualitative est utilisée comme variable endogène, alors on se trouve dans le domaine de l'économétrie des variables qualitatives. Dans cette étude, nous verrons que les méthodes d'inférence traditionnelles ne permettent pas de modéliser et d'étudier des caractères qualitatifs. Nous devons utiliser des méthodes spécifiques pouvant prendre en compte l'absence de continuité des variables traitées ou l'absence d'ordre naturel entre les modalités que peut prendre le caractère qualitatif. Le recours à des modèles et des méthodes d'estimation spécifiques lorsque la variable endogène est qualitative binaire et lié au fait que le modèle linéaire général ne peut pas s'appliquer dans ce contexte.

2.1. Le modèle Logit

Le modèle que nous proposons, estime les coefficients associés à des variables qualitatives.

Modèle Logit

$$\pi(x) = \mathrm{Prob}(Y = 1/X = x)$$

$$\pi(x) = \frac{e^{\beta_0 + \sum_{i=1}^{i=n} \beta_i * x_i}}{1 + e^{\beta_0 + \sum_{i=1}^{i=n} \beta_i * x_i}}$$

$Y = 1$ si le ménage est bénéficiaire et $Y = 0$ si le ménage est non bénéficiaire

$$\mathrm{Log}\frac{\mathrm{Prob}(Y = 1/X = x)}{\mathrm{Prob}(Y = 0/X = x)} = f(x) = \beta_0 + \sum_{i=1}^{i=n} \beta_i * x_i \quad \text{est une fonction linéaire}$$

$$\mathrm{Logit}\big(\mathrm{Prob}(Y = 1/X = x)\big) = f(x) = \beta_0 + \sum_{i=1}^{i=n} \beta_i * x_i$$

β_i, $i = 1$ à n représente les coefficients de la régression

Le modèle Logit utilise la fonction de répartition de la fonction logistique. Plus précisément, on suppose que variable aléatoire u_i suit une loi logistique définie par la fonction de répartition suivante :

$$\Lambda(t) = \frac{1}{1 + e^{-t}} = \frac{e^t}{1 + e^t} \quad t \in IR$$

La densité de la loi logistique est :

$$\Lambda'(t) = \frac{e^{-t}}{(1 + e^{-t})^2} \quad t \in IR$$

On en déduit une relation simple entre la densité et la fonction de répartition :

$$\mathbf{\Lambda(t) = \Lambda'(t)[1 - \Lambda'(t)]}$$

La distribution logistique est symétrique :

$$\Lambda(-t) = 1 - \Lambda(t)$$

Sa moyenne est nulle et sa variance vaut $\frac{1}{3}\pi$.

On peut écrire la probabilité P_i sous la forme :

$$P_i = \frac{1}{1+\exp[-(\alpha+\beta x_i+\lambda z_i)]}$$

2.2. Estimation par la méthode du maximum de vraisemblance

Le modèle dichotomique simple correspond à une vraisemblance de la forme :

$$L(Y, \beta) = \prod_{i=1}^{n} [F(X_i\beta)]^{Y_i} [1 - F(X_i\beta)]^{(1-Y_i)}$$

On démontre que les équations de vraisemblance associées aux modèles dichotomiques simples sont non linéaires dans les paramètres.

Il n'est donc pas possible d'exprimer les estimateurs comme fonctions simples des observations et les équations devront être résolues au moyen d'algorithmes.

2.3. La notion de cote

Soit le modèle Logit :

$$P_i = \frac{1}{1+\exp[-(\alpha+\beta x_i+\lambda z_i)]}$$

On établit facilement l'égalité suivante :

$$\exp(\alpha + \beta x_i + \lambda z_i) = \frac{P_i}{1-P_i}$$

Cette égalité est intéressante en ce qui concerne l'analyse économique des résultats d'estimation.

En effet, on sait que la probabilité Pi désigne la probabilité associée à l'événement yi = 1, et que la quantité (1 – Pi) désigne par conséquent la probabilité associée à l'événement complémentaire yi = 0.

De façon générale, la quantité $c_i = \frac{P_i}{1-P_i}$ représente le rapport de la probabilité associée à l'événement $y_i = 1$ à la probabilité de non survenue de cet événement : il s'agit de la cote (« odds » en anglais).

Dans un modèle Logit, la cote est égale à :

$$c_i = \frac{P_i}{1-P_i} = \exp(\alpha + \beta x_i + \lambda z_i)$$

Si ce rapport est égal à c_i pour l'individu i, cela signifie qu'il y a c_i plus fois de chances que l'événement associé au code yi = 1 se réalise, qu'il ne se réalise pas (« c_i contre 1 » dans le langage usuel).

2.4. Les variables de l'étude

On dispose d'un échantillon de 385 ménages ayant été répertorié dans le registre national unique. Parmi ces ménages, 192 ont disposé d'une bourse de sécurité familiale. La variable expliquée est bénéficiaire, égale à 1 si une bourse de sécurité familiale est accordée au ménage, 0 sinon.

Les variables explicatives disponibles sont :

– **BENEF :** "Bénéficiaire qui est dans le RNU" y = 1 si une bourse de sécurité familiale est accordée au ménage, 0 sinon.

– **TM :** "Taille du ménage", les ménages dont la modalité est : Supérieur à 13 en milieu rural ou 11 en milieu urbain, auront les mêmes pondérations ("146" en milieu urbain et "141" en milieu rural). Tous les autres ménages pour lesquels la taille est différente des modalités citées ci-dessus, auront un poids nul pour cette variable.

– **NICM :** "la variable niveau d'instruction du chef de ménage", nous avons les modalités suivantes : Aucun ("0"), primaire ("1" à "7" c.-à-d. de Maternelle à CM[2]), secondaire ("8" à "14" c.-à-d. de la sixième à la terminale) et enfin Supérieur. En effet, un ménage du milieu urbain dont le niveau d'instruction du chef de ménage n'est « aucun » aura un poids de 64 par rapport à cette variable (Niveau d'instruction du CM) alors qu'en milieu rural ce poids serait égal à 48. Par conséquent, tous les ménages dont le niveau d'instruction du CM est différent de « aucun » auront un poids nul (zéro) par rapport à cette variable.

– **EAUPO :** "Accès à l'eau potable", les ménages dont la modalité est : Source non protégée, auront les mêmes pondérations ("63" en milieu urbain et "93" en milieu rural). Tous les autres ménages pour lesquels leur accès à l'eau potable est différent des modalités citées ci-dessus, auront un poids nul pour cette variable.

– **ASSAI :** "Accès à l'assainissement (type de toilette)", les ménages dont la modalité est : dans la nature, chez le voisin, cuvette, seau, édicule public, auront les mêmes pondérations ("34" en milieu urbain et "53" en milieu rural). Tous les autres ménages pour lesquels leur accès à l'assainissement est différent des modalités citées ci-dessus, auront un poids nul pour cette variable.

– **SANIT :** "Fréquentation structure de santé", les ménages dont la modalité est : Un membre du ménage n'a pas pu consulter, faute de moyen, auront les mêmes pondérations ("58" en milieu urbain et "56" en milieu rural). Tous les autres ménages pour lesquels leur fréquentation à une structure de santé est différente des modalités citées ci-dessus, auront un poids nul pour cette variable.

– **NRJ :** "Nombre de repas par jour", les ménages dont la modalité est : Nombre de repas pris hier inférieur ou égal à 1, auront les mêmes pondérations ("106" en milieu urbain et "32" en milieu rural). Tous les autres ménages pour lesquels leur nombre de repas par jour est différent des modalités citées ci-dessus, auront un poids nul pour cette variable.

– **SLOGE :** "Statut d'occupation du logement", les ménages dont la modalité est : Non propriétaire (milieu urbain seulement), auront les mêmes pondérations "71". Tous les autres ménages pour lesquels leur statut d'occupation du logement est différent des modalités citées ci-dessus, auront un poids nul pour cette variable.

– **SCOEN :** "Scolarisation des enfants", les ménages dont la modalité est : Présence d'enfant(s) déscolarisé(s), faute de moyens, auront les mêmes pondérations ("43" en milieu urbain et "54" en milieu rural). Tous les autres ménages pour lesquels la scolarisation des enfants est différente des modalités citées ci-dessus, auront un poids nul pour cette variable.

– **TRAEN :** "Présence d'enfant(s) de moins de 17 ans qui travaille(nt)", les ménages auront les mêmes pondérations ("52" en milieu urbain et "56" en milieu rural). Tous les autres ménages pour lesquels il n'y a pas la présence de travail des enfants auront un poids nul pour cette variable.

– **HANDI :** "Présence de personne(s) handicapée(s) physique ou mental", les ménages auront les mêmes pondérations ("39" en milieu urbain et "75" en milieu rural). Tous les autres ménages pour lesquels il n'y a pas la présence de personne(s) handicapée(s) physique ou mental auront un poids nul pour cette variable.

– **PAGE :** "Présence de personne(s) de 60 ans ou plus", dans ce cas, les ménages auront les mêmes pondérations ("33" en milieu urbain et "52"en milieu rural). Tous les autres ménages pour lesquels il n'y a pas la présence de personne (s) de 60 ans ou plus auront un poids nul pour cette variable.

– **NPBES :** "Non possession de biens essentiels", plusieurs modalités d'une variable peuvent être regroupées pour en faire une seule modalité. Dans ce cas, les ménages pour lesquels la modalité est non possession d'ovins, de caprins, de porcins et de volaille auront les mêmes pondérations ("38" en milieu urbain et "59" en milieu rural). Tous les autres ménages pour lesquels la non possession de bien personnels est différent des modalités citées ci-dessus, auront un poids nul pour cette variable.

– **TLOGE :** "Type de logement", plusieurs modalités d'une variable peuvent être regroupées pour en faire une seule modalité. Dans ce cas, les ménages pour lesquels le type de logement du principal bâtiment du logement est baraque ou case en banco auront les mêmes pondérations ("19" en milieu urbain et "47" en milieu rural). Tous les autres ménages pour lesquels leur principal bâtiment du logement est différent des modalités citées ci-dessus, auront un poids nul pour cette variable.

– **RETOI :** "Revêtement du toit", plusieurs modalités d'une variable peuvent être regroupées pour en faire une seule modalité. Dans ce cas, les ménages pour lesquels le revêtement du toit du principal bâtiment du logement est Chaume, paille, tiges ou zinc auront les mêmes pondérations ("103" en milieu urbain et "72" en milieu rural). Tous les autres ménages pour lesquels leur revêtement du toit du principal bâtiment du logement est différent des modalités citées ci-dessus, auront un poids nul pour cette variable.

– **RESOL :** "Revêtement du sol", plusieurs modalités d'une variable peuvent être regroupées pour en faire une seule modalité. Dans ce cas, les ménages pour lesquels le revêtement du sol du principal bâtiment du logement est banco ou sable auront les mêmes pondérations ("54" en milieu urbain et "72" en milieu rural). Tous les autres ménages pour lesquels leur revêtement du sol du principal bâtiment du logement est différent des modalités citées ci-dessus, auront un poids nul pour cette variable.

– **REMUR :** "Revêtement du mur", plusieurs modalités d'une variable peuvent être regroupées pour en faire une seule modalité. Dans ce cas, les ménages pour lesquels le revêtement du mur du principal bâtiment du logement est Chaume, paille, tiges ou zinc auront les mêmes pondérations ("77" en milieu urbain et "90" en milieu rural). Tous les autres ménages pour lesquels leur revêtement du mur du principal bâtiment du logement est différent des modalités citées ci-dessus, auront un poids nul pour cette variable.

3. Analyse et interprétations des résultats

Il s'agit dans un premier temps de présenter les résultats de nos estimations et dans un second temps d'en tirer une interprétation économique. Pour l'analyse économétrique, c'est le logiciel STATA-15 qui a été utilisé. Ce logiciel a permis d'estimer les paramètres du modèle Logit afin de ressortir les facteurs déterminants le choix du type de modèle de Scoring des variables explicatives de ciblage des individus ou des ménages bénéficiaires du PNBSF.

Dans le modèle Logit, la valeur numérique des paramètres estimés n'a pas vraiment d'intérêt en soi, dans la mesure où ils ne correspondent aux paramètres de l'équation de la variable latente qu'à une constante multiplicative près. La seule information réellement utilisable est le signe des paramètres, indiquant si la variable associée influence la probabilité à la hausse ou à la baisse.

3.1. Le modèle Logit

Tableau 1 : Estimation des probabilités d'accéder à une bourse de sécurité familiale par la procédure Logit

Logistic regression			**Number of obs = 385**			
			LR chi2(16) = 287,30			
			Prob > chi2 = 0,000			
Log likelihood = -123,210				**Pseudo R2**	**=**	**0,538**
BENEF |	**Coef.**	**Std. Err.**	**z**	**P>|z|**	**[95 % Conf.**	**Interval]**
TM|	0,009	0,003	3,23	0,001	0,003	0,013
NICM|	0,133	0,066	2,01	0,044	0,003	0,263
EAUPO|	0,024	0,012	2,00	0,045	0,001	0,048
ASSAI|	0,044	0,018	2,41	0,016	0,008	0,079
SANIT|	0,036	0,011	3,17	0,002	0,014	0,059
NRJ|	0,034	0,006	6,01	0,000	0,023	0,045
SLOGE|	0,011	0,005	2,20	0,028	0,001	0,021
SCOEN|	0,012	0,008	1,50	**0,134**	-0,004	0,027
TRAEN|	0,021	0,010	2,13	0,033	0,002	0,040

HANDI|	0,073	0,013	5,51	0,000	0,047	0,098
PAGE|	0,076	0,035	2,15	0,031	0,007	0,145
NPBES|	-0,064	0,032	-2,01	0,044	-0,126	-0,002
TLOGE|	0,182	0,031	5,94	0,000	0,122	0,242
RETOI|	0,036	0,012	2,94	0,003	0,012	0,059
RESOL|	-0,081	0,024	-3,41	0,001	-0,127	-0,034
REMUR|	0,031	0,006	5,08	0,000	0,019	0,043
_cons|	-13,476	1,536	-8,77	0,000	-16,488	-10,465

Signes attendus des différentes variables du modèle

→ cons est la constante du modèle.

Les probabilités associées aux tests de significativité des variables explicatives sont indiquées dans la colonne P>|z|.

→ La variable, "**Scolarisation des enfants**" dans le ménage, n'a pas un impact significatif sur la probabilité d'accéder à une bourse de sécurité familiale, car sa probabilité critique, 13,4 % est supérieure à 5 %.

→ Les autres variables : tm, nicm, eaupo, assai, sanit, nrj, sloge, traen, handi, page, npbes, tloge, retroi, resol et remur ont un impact significatif sur la probabilité d'obtenir une bourse de sécurité familiale car leurs probabilités critiques sont toutes inférieures à 5 %.

Effectuons une estimation robuste

Avec l'option vce (robust), les z-statistics sont corrigés de l'hétérocédasticité des résidus.

Il ressort après une série de trois estimations de robustesse du modèle que :

→ Les variables : "Scolarisation des enfants", "Non possession de biens essentiels", "Accès à l'eau potable" et "Présence de personne(s) de 60 ans ou plus" dans le ménage n'ont pas un impact significatif sur la probabilité d'accéder à une bourse de sécurité familiale, car leurs probabilités critiques respectifs 14 %, 5,5 %, 11,1 % et 20,5 % sont supérieures à 5 %.

Par souci d'objectivité, nous ne retiendrons après trois tests de robustesse dans le tableau ci-après que le modèle Logit retenu avec les variables significatives au seuil maximal de 5 %.

Tableau 2 : Estimation robuste des probabilités d'accéder à une bourse de sécurité familiale par la procédure Logit

<table>
<tr><th colspan="3">Logistic regression</th><th colspan="4">Number of obs = 385</th></tr>
<tr><td colspan="3"></td><td colspan="4">Wald chi2(12) = 122,66</td></tr>
<tr><td colspan="3"></td><td colspan="4">Prob > chi2 = 0,000</td></tr>
<tr><td colspan="4">Log pseudolikelihood = -130,225</td><td colspan="3">Pseudo R2 = 0,512</td></tr>
<tr><td colspan="7">Robust</td></tr>
<tr><td>benef|</td><td>Coef,</td><td>Std, Err,</td><td>z</td><td>P>|z|</td><td colspan="2">[95% Conf, Interval]</td></tr>
<tr><td>tm|</td><td>0,009</td><td>0,003</td><td>3,40</td><td>0,001</td><td>0,004</td><td>0,013</td></tr>
<tr><td>nicm|</td><td>0,167</td><td>0,054</td><td>3,11</td><td>0,002</td><td>0,062</td><td>0,272</td></tr>
<tr><td>assai|</td><td>0,060</td><td>0,013</td><td>4,69</td><td>0,000</td><td>0,035</td><td>0,085</td></tr>
<tr><td>sanit|</td><td>0,022</td><td>0,007</td><td>3,00</td><td>0,003</td><td>0,008</td><td>0,036</td></tr>
<tr><td>nrj|</td><td>0,035</td><td>0,006</td><td>5,86</td><td>0,000</td><td>0,024</td><td>0,047</td></tr>
<tr><td>sloge|</td><td>0,012</td><td>0,005</td><td>2,59</td><td>0,010</td><td>0,003</td><td>0,022</td></tr>
<tr><td>traen|</td><td>0,026</td><td>0,009</td><td>2,91</td><td>0,004</td><td>0,008</td><td>0,043</td></tr>
<tr><td>handi|</td><td>0,077</td><td>0,012</td><td>6,38</td><td>0,000</td><td>0,053</td><td>0,100</td></tr>
<tr><td>tloge|</td><td>0,179</td><td>0,027</td><td>6,63</td><td>0,000</td><td>0,126</td><td>0,232</td></tr>
<tr><td>retoi|</td><td>0,018</td><td>0,005</td><td>3,52</td><td>0,000</td><td>0,008</td><td>0,028</td></tr>
<tr><td>resol|</td><td>-0,047</td><td>0,013</td><td>-3,72</td><td>0,000</td><td>-0,072</td><td>-0,022</td></tr>
<tr><td>remur|</td><td>0,032</td><td>0,005</td><td>6,20</td><td>0,000</td><td>0,022</td><td>0,042</td></tr>
<tr><td>_cons|</td><td>-13,014</td><td>1,340</td><td>-9,71</td><td>0,000</td><td>-15,64</td><td>-10,389</td></tr>
</table>

d.1 Test de significativité globale du modèle

H_0 : le modèle n'est pas globalement significatif

H_1 : le modèle est globalement significatif

Pour tester la significativité globale du modèle, le logiciel Stata propose le **test de Wald**.

La statistique de Wald [Wald chi2(2)] à deux degrés de liberté est égale à **122,66** avec une probabilité critique nulle.

Comme cette probabilité critique est inférieure à 5 %, nous rejetons l'hypothèse nulle.

Au seuil de 5 %, le modèle Logit est globalement significatif.

d.2 Interprétations des paramètres estimés

→ Variable **taille du ménage**

Le signe du coefficient estimé associé à la variable : taille du ménage est positif.

Le signe positif indique que la probabilité d'obtenir une bourse de sécurité familiale est une fonction croissante de la taille du ménage.

Si la taille du ménage augmente, alors la probabilité d'obtenir une bourse de sécurité familiale augmente.

→ Variable **niveau d'instruction du chef de ménage**

Le signe du coefficient estimé associé à la variable niveau d'instruction du chef de ménage est positif.

Le signe positif indique que la probabilité d'obtenir une bourse de sécurité familiale est une fonction croissante du niveau d'instruction du chef de ménage.

Si le niveau d'instruction du chef de ménage augmente alors la probabilité d'obtenir une bourse de sécurité familiale augmente.

Il en est de même pour les signes des coefficients des variables : accès à l'assainissement, fréquentation structure de santé, nombre de repas par jour, statut d'occupation du logement, travail des enfants, handicap, type de logement, revêtement toit et revêtement mur qui sont tous positifs. C'est-à-dire que la probabilité d'obtenir une bourse de sécurité familiale est une fonction croissante de ces variables.

→ Variable **revêtement du sol**

Le signe du coefficient estimé associé à la variable : revêtement sol est négatif.

Le signe négatif indique que la probabilité d'obtenir une bourse de sécurité familiale est une fonction décroissante du revêtement du sol.

Si le revêtement du sol s'améliore, alors la probabilité d'obtenir une bourse de sécurité familiale diminue.

Le signe négatif indique que la probabilité d'obtenir une bourse de sécurité familiale est une fonction décroissante du revêtement du sol.

d.3 Interprétations de la valeur du R^2 de McFadden

Pseudo R2 = 0,512

Le R^2 de McFadden est égal à **0,512**.

La valeur obtenue implique que **51,2 %** des fluctuations de la probabilité d'obtenir une bourse de sécurité familiale sont expliquées par les variables retenues.

d.4 Le pourcentage de prédictions correctes

Le tableau ci-après donne un récapitulatif sur le pouvoir prédictif du modèle. Le pouvoir prédictif global est de **86,49 %**. Chez les ménages non bénéficiaires de bourses de sécurité familiale, ce pouvoir prédictif est de **87,23 %** pour contre **85,79 %** chez les ménages bénéficiaires de bourses. C'est-à-dire que la probabilité pour qu'un ménage non bénéficiaire de bourse soit classé comme tel est de 0,8723 et la probabilité pour qu'un ménage bénéficiaire de bourse soit classé comme tel est de 0,8579. Par ailleurs, on observe que la sensibilité qui est la probabilité pour qu'un ménage soit classé non bénéficiaire sachant qu'il l'est effectivement est de **85,42 %** et la spécificité qui est la probabilité pour qu'un ménage soit classé bénéficiaire sachant qu'il l'est effectivement est de **87,56 %.**

Tableau 3 : Calcul du pourcentage de prédictions correctes

Logistic model for benef			
	-------- **True** --------		
Classified	**| D**	**~D |**	**Total**
+	**| 164**	**24 |**	**188**
-	**| 28**	**169 |**	**197**
Total	**| 192**	**193 |**	**385**
Classified + if predicted Pr(D) >= 0,5			
True D defined as bene != 0			
Sensitivity		Pr(+| D)	85,42%

Specificity	Pr(-|~D)	87,56%
Positive predictive value	Pr(D| +)	**87,23%**
Negative predictive value	Pr(~D| -)	**85,79%**
False + rate for true ~D	Pr(+|~D)	12,44%
False - rate for true D	Pr(-| D)	14,58%
False + rate for classified +	Pr(~D| +)	12,77 %
False - rate for classified -	Pr(D| -)	14,21%
Correctly classified		**86,49%**

Le pourcentage de prédictions correctes est **86,49 %**. Le taux d'erreur (environ 14 %) est faible.

d.5 Étude de la qualité discriminatoire du modèle Logit, en utilisant la courbe ROC (Receiver Operating Characteristic).

Tableau 4 : Qualité discriminatoire du modèle Logit

Logistic model for BENEF
number of observations = 385
area under ROC curve = 0,929

Figure 1: La courbe Receiver Operating Characteristic

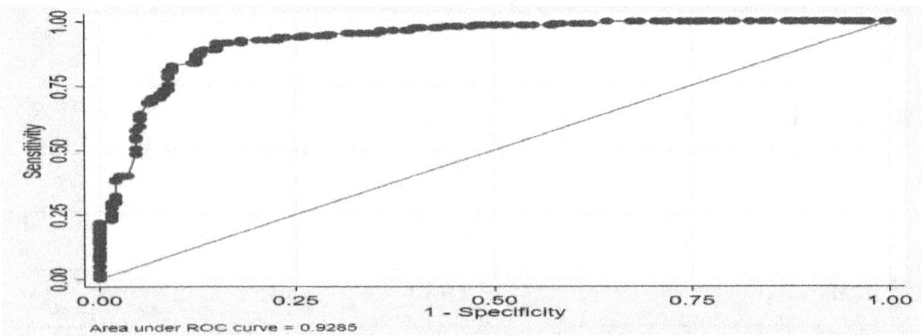

L'analyse de la courbe ROC permet de visualiser l'ajustement des données au modèle Logit. Cette courbe est la représentation graphique de la qualité discriminatoire du modèle pour différents seuils. L'aire sous la courbe ROC traduit le pouvoir discriminant du modèle. Plus la courbe s'écarte de la bissectrice, meilleure est la prédiction. Ainsi, la figure ci-dessus révèle que l'aire sous la courbe ROC est de 0,9285 ; soit environ **92,85 %.**

Conclusion : *le pouvoir de prédiction (92,85 %) du modèle Logit est excellent.*

d.6 Calculons et interpréter le coefficient de cote associé à chacune des variables explicatives

Le tableau ci-après donne un récapitulatif des coefficients de cote calculables associés à chacune des variables explicatives retenues lors de cette étude.

Tableau 5 : Coefficients de cote des variables explicatives retenues

Variables	Prob	1 –prob	Ci	1/Ci
Tm	0,001	0,999	0,001	999
Nicm	0,002	0,998	0,002	499
Sanit	0,003	0,997	0,003	332
Sloge	0,01	0,99	0,010	99
Traen	0,004	0,996	0,004	249
Resol	0,029	0,971	0,030	33

Calculs propres

→ Si on suppose que la probabilité conditionnelle que la taille d'un ménage bénéficiaire d'une bourse de sécurité familiale est Pi = 0,001. Dans ce cas, l'expression : $\mathbf{ci = \frac{P_i}{1 - P_i} = 0{,}001}$ est le ratio de chances en faveur de la possession de bourse de sécurité familiale. Dans cette situation, il est préférable d'interpréter l'inverse de la cote, c'est-à-dire que le ménage a donc 999 fois plus de chances de ne pas posséder une bourse de sécurité familiale que d'en posséder : il s'agit du coefficient de cote (999 contre 1).

→ Si on suppose que la probabilité conditionnelle que le niveau d'instruction du chef de ménage bénéficiaire d'une bourse de sécurité familiale est Pi = 0,002. Dans ce cas, l'expression : $\mathbf{ci = \frac{P_i}{1 - P_i} = 0{,}002}$ est le ratio de chances en faveur de la possession de bourse de sécurité familiale. Dans cette situation, le ménage a donc 499 fois plus de chances de ne pas posséder une bourse de sécurité familiale que d'en posséder : il s'agit du coefficient de cote (499 contre 1).

Si toute chose est égale par ailleurs, nous retiendrons qu'un ménage qui fréquente une structure de santé a 332 fois plus de chances de ne pas posséder une bourse de sécurité familiale que d'en posséder : il s'agit du coefficient de cote (332 contre 1). Pour les ménages qui respectivement, ne sont pas propriétaires de leur logement, qui enregistrent la présence d'enfant(s) de moins de 17 ans qui travaille(nt) travail des enfants, ou pour lesquels le revêtement du sol du principal bâtiment du logement est banco ou sable, ils ont respectivement 99 ; 249 et 33 fois plus de chances de ne pas posséder une bourse de sécurité familiale que d'en posséder.

Nous avions retenu 16 variables pour le modèle dont 12 se sont révélées significatives. Ce sont notamment la taille du Ménage, le niveau d'instruction du Chef de Ménage, l'accès à l'assainissement, la fréquentation structure sanitaire, du nombre de repas par jour, le statut d'occupation du logement, le travail des enfants, le handicap, le type de logement, le revêtement du toit, le revêtement du sol et le revêtement du mur. Cependant, les variables, l'accès à l'eau potable, la scolarisation des enfants, la personne du 3e âge et non possession de biens essentiels, sont non significatifs donc elles n'ont pas d'influence significative sur le choix des bénéficiaires d'une bourse de sécurité familiale.

Conclusion

Nous voici au terme de cette étude. Elle s'est fixée alors comme objectif d'établir une conceptualisation du classement des bénéficiaires du programme de bourse familiale basé sur un scoring. Quelles sont les variables explicatives permettant au PNBSF d'octroyer les bourses de sécurité familiale en évitant au maximum les erreurs d'inclusion et d'exclusion ? Telle a été la question qui a fait l'objet de notre préoccupation dans cette étude. À cette question, la contribution suivante a été formulée : les variables explicatives qui permettraient au PNBSF d'avoir un bon modèle de scoring pour le ciblage des individus ou des ménages bénéficiaires du *Programme national de bourses de sécurité familiale* seraient liées à la taille du ménage, le niveau d'instruction du chef de ménage, l'accès à l'assainissement, la fréquentation structure de santé, le nombre de repas par jour, le statut d'occupation du logement, le travail des enfants, le handicap, le type de logement, le revêtement toit, le revêtement sol et le revêtement mur.

Pour vérifier cette hypothèse et atteindre cet objectif, nous avons fait recours au modèle économétrique Logit, le tableur d'Excel et les logiciels Stata 15 pour le traitement des données.

Les résultats économétriques ont montré qu'en régression « Logit » sur les données recueillies sur l'ensemble de l'échantillon constitué de 385 ménages du RNU, sur seize variables explicatives indépendantes (taille du Ménage, niveau d'instruction du Chef de Ménage, accès à l'eau potable, accès à l'assainissement, fréquentation structure sanitaire, nombre de repas par jour, statut d'occupation du logement, scolarisation des enfants, travail des enfants, handicap, personne du 3e âge, non possession de biens essentiels, type de logement, revêtement du toit, revêtement du sol et revêtement du mur) seules douze variables indépendantes influencent la décision de l'octroi d'une bourse de sécurité familiale au ménage du RNU dans le tableau des principales statistiques de la dernière estimation du modèle Logit à un seuil de 5 %.

En effet, les résultats qui vont nous permettre de conclure cette étude à travers les hypothèses formulées pour chaque variable indépendante dans la troisième partie seront tout simplement interprétés parce que, elles sont significatives au seuil de 5 %. Le test du pouvoir prédictif global du modèle montre que notre modèle prédit correctement les données à 86,49 % des cas si le point de coupure est fixé à 0,5. Il prédit incorrectement les données à 13,51 %, ce qui traduit que les données ont été fiables du côté des informations fournies et à travers le résultat du test de globalité. Nous disons que les variables explicatives influencent la variable expliquée (octroi de bourse de sécurité familiale : benef), ce qui nous pousse à dire que notre modèle Logit est globalement significatif.

Ainsi, nous n'avons aucune intention de prétendre dire avoir réalisé un travail parfait sur les variables explicatives de ciblage des individus ou des ménages bénéficiaires du Programme national de bourses de sécurité familiale. Une approche plus complète serait par exemple d'élargir les sources de ciblage des futurs bénéficiaires de bourses de sécurité familiale au-delà du RNU et des cartes d'égalité de chances pour enrôler d'autres ménages plus pauvres et plus vulnérables localisés sur toute l'étendue du territoire par d'autres services étatiques ou par des Organisations non gouvernementales (ONG).

En définitive, il ressort de notre étude que la prévision des individus ou des ménages bénéficiaires du Programme national de bourses de sécurité familiale basé sur un modèle de scoring des variables explicatives de ciblage dont les données de base sont dans leur grande majorité nominales, peut être fiable. Cependant, cette étude tiendra son importance de l'applicabilité de la grille de scoring à laquelle elle aura permis d'aboutir, via une implémentation informatique progressive au sein du PNBSF, et via un système de suivi-évaluation participatif ou ponctuel.

Références bibliographiques

ALKIRE Sabina and FOSTER James, 2009, "Counting and Multidimensional Poverty Measurement", in *Oxford Poverty & Human Development Initiative (OPHI)*, Working Paper n° 32, 44 p.

BIT, 2021, *Rapport mondial sur la protection sociale 2020-2022: la protection sociale à la croisée des chemins – bâtir un avenir meilleur,* Genève, BIT, 334 p.

BOURGUIGNON François and CHAKRAVARTY Satya R., 2003, "The Measurement of Multidimensional Poverty", in *The Journal of Economic Inequality*, vol. 1 : 25-49.

LOLLIVIER Stéfan et VERGER Daniel, 1997, « Pauvreté d'existence, monétaire ou subjective sont distinctes », dans *Économie et Statistique*, n° 308-309-310 : 113-142.

PNUD, 1990, *Human Development Report 1990: Concept and Measurement of Human Development*, PNUD, Oxford University Press (NY).

PNUD, 1997, *Human Development Report 1990: Human Development to Eradicate Poverty,* PNUD, Oxford University Press (NY).

SEN Amartya, 1985, *Commodities and Capabilities*, Amsterdam, North Holland.

TOWNSEND Peter, 1979, *Poverty in the United Kingdom. A Survey of Household Resources and Standards of Living*, Harmondsworth, Penguin Books.

4.

La protection sociale au Sénégal entre 2012-2022 : analyse d'une décennie d'assistance sociale

Mamadou Aguibou Diallo

Université Assane Seck de Ziguinchor, Sénégal
madiallo@univ-zig.sn

Résumé

Ces dix dernières années (2012-2022), la protection sociale a occupé une place importante dans la stratégie de développement socio-économique du Sénégal. En effet, à partir de 2013, des programmes tels que l'allocation de bourses de sécurité familiale aux ménages les plus démunis, l'accès aux soins et services de santé par le moyen de la couverture maladie universelle et par la carte d'égalité des chances en faveur des personnes handicapées sont lancés pour soutenir les ménages et les individus les plus vulnérables à faire face aux difficultés socio-économiques. Ces initiatives qui entrent dans le cadre des politiques sociales sont déroulées sous forme de programmes sociaux impliquant des acteurs étatiques (Gouvernement, ministères, services déconcentrés, structures de recherche) et non étatiques (organisations non gouvernementales, associations institutions internationales) s'inscrivent dans une dynamique d'assistance sociale. Ainsi, après une décennie de mise en œuvre, certains programmes font débat quant à leur efficacité, durabilité, et capacité à soutenir réellement les populations bénéficiaires et à leur permettre d'être autonomes. Cet article est une contribution à l'analyse des politiques publiques en matière de protection sociale au Sénégal. La réflexion porte sur les trois programmes sociaux que sont le *Programme National de Bourses de Sécurité Familiale*, la *Couverture Maladie Universelle*, et la *Carte d'Égalité de Chance*.

L'analyse fait ressortir l'importance de ces programmes (réduction de la vulnérabilité, équité), leurs limites (ciblage, inclusion-exclusion, financement) et les défis (universalisme, durabilité, autonomisation) de la stratégie d'assistance sociale du Sénégal depuis une décennie.

Mots clés : Assistance sociale, action sociale, protection sociale, Sénégal.

Abstract

Over the past ten years (2012-2022), social protection has been an important part of Senegal's socio-economic development strategy. Indeed, since 2013, programs such as the allocation of family security grants to the poorest households, access to health care and services through universal health coverage and the equal opportunities card for people with disabilities have been launched to support the most vulnerable households and individuals to cope with socio-economic difficulties. These initiatives, which fall within the framework of social policies, are carried out in the form of social programs involving state actors (Government, ministries, decentralized services, research structures) and non-state actors (non-governmental organizations, associations) and are part of a social assistance dynamic. Thus, after a decade of implementation, some programs are being debated as to their effectiveness, sustainability and capacity to really support the beneficiary populations and enable them to be autonomous. This article is a contribution to the analysis of public policies on social protection in Senegal. It focuses on three social programs: the family security grant, universal health coverage and the equal opportunity card. The analysis highlights the importance of these programs (reduction of vulnerability, equity), their limitations (targeting, inclusion-exclusion, financing) and the challenges (universalism, sustainability, empowerment) of Senegal's social assistance strategy over the past decade.

Keywords: Social assistance, social action, social protection, Sénégal.

Introduction

Au Sénégal, depuis l'indépendance, de nombreuses politiques sociales ont été élaborées et mises en œuvre pour protéger les travailleurs mais aussi les ménages contre la précarité, la pauvreté et la vulnérabilité. En effet, en plus des avantages octroyés pendant la période coloniale avec le Code de travail de l'Outre-mer (1952) et l'Institut de Prévoyance et de Retraite de Afrique Occidentale (1958), l'État du Sénégal a renforcé à partir de 1960 la protection sociale des fonctionnaires (Loi n° 61-33 du 15 juin 1961) et des travailleurs du secteur privé structuré (Loi n° 75-50 du 3 avril 1975) (E. Baumann 2016). Les Gouvernements successifs ont réussi à bâtir un système de protection sociale qui peut être qualifié de système d'assurance d'assistance (M. Messu 2009) car réparti entre la prévoyance sociale et l'assistance sociale (M. A. Diallo 2014). La première est contributive et s'adresse aux travailleurs et ceux ayant un revenu régulier. La seconde est non contributive et vise les individus, groupes et ménages économiquement vulnérables. Toutefois, le modèle est non résiduel car non centré sur les pauvres, (M. A. Diallo 2014). De plus, il est restrictif puisque seule une petite partie de la population est couverte. En outre, les prestations sont limitées aux risques associés à la santé, à la maternité et à la vieillesse. Enfin, dans le modèle sénégalais de protection sociale, l'assistance sociale est prise en compte dans les activités d'action sociale ou de solidarité nationale sous forme d'aides ponctuelles (en espèces et en nature) ou de prise en charge de frais de santé pour les indigents (Loi n° 62-29 du 16 mars 1962) et les nécessiteux. Ces derniers sont soutenus en fonction des demandes, des besoins et des ressources disponibles ; Il n'y pas de politique d'assistance à grande échelle clairement définie, le soutien étatique s'effectue à travers diverses structures publiques (ministères, directions, agences nationales).

Par ailleurs, dans les années 1990, à la suite du sommet mondial pour le développement social tenu à Copenhague en 1995, le Sénégal va essayer d'élargir la protection sociale à travers les mutuelles de santé reposant sur des solidarités communautaires ou professionnelles. L'objectif visé est d'atténuer la précarité sanitaire des exclus du système formel d'assurance maladie. Malgré les efforts des pouvoirs publics et des acteurs non étatiques, le système mutualiste basé sur le volontariat ne se développe pas véritablement. En fait, la culture de l'assurance santé est assez faible au niveau des populations (M. A. Diallo 2014) ; elle est limitée par des facteurs socio-culturels et la faiblesse des ressources économiques des ménages.

À partir de 2013, le Sénégal, sous le régime du président Macky Sall, essaie de replacer la protection sociale et la justice sociale au centre des politiques publiques (M. Diène 2021) en matière de lutte contre la pauvreté. En fait, pour les gouvernements de la seconde alternance (2012) comme pour ceux de la première (2000), la protection sociale et la réduction des risques et catastrophes constituent des défis majeurs pour la croissance économique et la lutte contre la pauvreté pour un Sénégal émergent à l'horizon 2035. En fait, le régime de Macky Sall s'est fixé un objectif de construire un système de protection sociale accessible aux Sénégalais, fournissant à chacun un revenu minimum garanti et une couverture maladie, mais aussi un filet de sécurité global assurant la résilience à tous ceux qui souffrent des chocs et des crises qui peuvent les faire basculer dans la pauvreté. Cette stratégie accorde une place centrale à l'assistance sociale car le système de protection sociale sénégalais d'inspiration bismarckienne et privilégiant l'assurance sociale n'est pas le modèle le mieux indiqué. En effet, l'assurance sociale fonctionne selon la logique de contribution-rétribution et s'adosse sur l'emploi salarial alors que l'assistance sociale est l'œuvre de la République (B. Destremau et M. Messu 2008). Cette dernière renvoie à la solidarité nationale à travers les institutions étatiques car les individus et les groupes sont soutenus par un système de transfert monétaire ou non monétaire (non contributive) plus ou moins conditionné parce qu'ils n'ont pas les moyens de souscrire à une assurance. Dans ce cas, la solidarité est institutionnalisée et fait fonctionner les mécanismes de l'État social ou de l'État-providence. Ainsi, l'État garant du bien-être social des citoyens, leur offre une aide de subsistance, une allocation ou une prestation (en nature ou en espèces) pour les protéger contre des risques sociaux majeurs susceptibles de les exposer à des vulnérabilités de type économique, social, environnemental et sanitaire. L'assistance sociale peut être vue sous cet angle comme un élément de résilience et de « ré-affiliation » (N. Roinsard 2005). Toutefois, en raison de son caractère spécifique, l'assistance sociale et l'action qui en découle ont toujours fait problème dans la mesure où la situation ou le statut de l'assisté n'est pas très enviable car stigmatisant, socialement dégradant, déshumanisant, désaffiliant (R. Castel 1991) voire disqualifiant (S. Paugam 2012). Toutefois, il faut relativiser cette approche car, le processus de stigmatisation du pauvre, si courant dans les analyses de la pauvreté, ne désigne aucune réalité, aucun fait dans la société sénégalaise (L. D. Ndiaye 2001).

Cet article propose d'étudier l'assistance sociale au Sénégal entre 2012-2022. L'objectif est de montrer que durant cette décennie, la stratégie de protection sociale qui cherchait un équilibre entre l'assurance et l'assistance, a été perturbée par « la politique sociale du président Macky Sall », une politique « interventionniste » marquée par un retour progressif de l'État social et une vision universaliste de certains programmes sociaux. L'analyse va porter sur trois programmes phares d'assistance sociale à savoir le *Programme National de Bourses de Sécurité Familiale* (PNBSF), le programme de soutien aux personnes vivant avec un handicap avec la *Carte d'égalité de Chance* (CEC) et la *Couverture Maladie Universelle* (CMU) pour les personnes et ménages pauvres, n'ayant aucune assurance santé.

La présente contribution adopte l'approche qualitative puisqu'elle fait appel uniquement à la revue documentaire. L'article est structuré autour de quatre parties : D'abord, nous revisitons quelques travaux et approches théoriques sur l'assistance sociale. Plus spécifiquement, nous essayons de montrer comment les sociologues ont abordé la question en s'intéressant aux situations de pauvreté, aux vécus (identification, culpabilisation, stratégies de recours, déterminants aux recours) des assistés et aux relations sociales entre les assistés et la société (stigmatisation, disqualification sociale, exclusion). Ensuite, nous essayons de montrer le contexte qui a précédé l'élaboration et la mise en œuvre des politiques sociales de type assistanciel au Sénégal. À ce niveau, nous nous intéressons à la dynamique de la pauvreté au Sénégal entre 2000 et 2012 et aux besoins d'assistance dans un contexte de vulnérabilité. En outre, nous proposons une présentation de « la stratégie d'assistance sociale » dans la décennie 2012-2022 en insistant sur l'institutionnalisation de l'assistance sociale à travers trois programmes phares que sont le *Programme National de Bourses de Sécurité Familiale* (PNBSF), la Couverture Maladie Universelle (CMU) et la *Carte d'Égalité des Chances* (CEC). Enfin, la dernière partie est consacrée à une analyse critique de ces trois programmes en termes de pertinence et de mise en œuvre (ciblage, acteurs, prestations, déroulement). Cette analyse va aussi interroger la viabilité des programmes sociaux mis en œuvre par le régime de Macky Sall en s'intéressant aux questions liées au coût des programmes, à la stratégie de ciblage, à l'autonomisation des bénéficiaires et aux défis de l'universalisme.

1. Quelques approches théoriques sur l'assistance sociale

D'emblée, il faut dire que la littérature sociologique sur l'assistance sociale est peu fournie ; c'est un domaine de la protection sociale qui ne donne pas lieu fréquemment à des analyses (J. C. Barbier 2017). Cependant, de façon générale, l'assistance sociale est indissociable aux systèmes de protection sociale, à l'État-providence ou à l'État social.

Ces dernières années, les travaux des sociologues comme G. Esping-Andersen (1999), B. Palier (2008), et F. X. Merrien (2007) établissent un lien théorique entre les modèles d'État-rovidence (social-démocrate, conservateur et libéral) plus ou moins influencés par l'État, la famille et le marché et les systèmes de protection sociale (assurance, assistance) (G. Esping-Andersen 1990 ; B. Pallier 2008) dans les sociétés occidentales contemporaines.

Auparavant, au début du 20e siècle, Georg Simmel, dans son ouvrage intitulé *Les Pauvres* et publié en 1907, a été l'un des premiers à étudier la pauvreté sous l'angle de l'assistance. Pour Simmel, l'assistance sociale est à appréhender comme une action sociale au mobile strictement social et engendrée par des forces sociales. L'assistance comme objet sociologique, doit s'entendre donc, comme une modalité de régulation sociale entre l'assisté et la société (M. Messu 2009). Dans ce cadre, la fin de l'assistance est fondamentalement sociale quand bien même les acteurs (l'assisté et l'assistant) poursuivent des intérêts personnels d'ordre moral, religieux, ou politique. En outre, pour Simmel, la pauvreté doit être appréhendée sous l'angle de l'assistance car personne n'est pauvre socialement avant d'avoir été assisté. Ainsi, le pauvre c'est celui qui reçoit de l'assistance ou qui devrait la recevoir d'après les normes en vigueur. Enfin, G. Simmel (2011) estime que le but de l'assistance sociale est d'atténuer les manifestations les plus extrêmes de la différenciation sociale, afin que la structure sociale continue à se fonder sur cette différenciation.

En France, d'autres sociologues comme J. C. Barbier (2017), B. Destremau (2008), M. Messu (2009), F. X. Merrien (2007), S. Morel (2000) et S. Paugam (2012) ont continué la réflexion de Simmel sur la pauvreté et l'assistance sociale. Leurs travaux se sont notamment intéressés aux statuts et aux perceptions de l'assisté, à l'expérience vécue de l'assistance, au maintien des liens sociaux, à la relation d'assistance, aux rapports avec les établissements dédiés à l'assistance sociale, aux stratégies (par des jeux ou des choix) des acteurs quant au recours ou à l'usage des services d'assistance.

En s'intéressant plus spécifiquement aux travaux de M. Messu (2009), nous pouvons voir qu'à l'instar de G. Simmel, l'assistance sociale est inséparable du lien social car elle est constitutive du rapport social des sociétés démocratiques libérales. Le sociologue doit ainsi traiter l'assistance sociale comme un mode normal de relations sociales car elle n'est qu'une autre manière de dire le social, son ordonnancement et la distribution des places qui s'y fait. En outre, en analysant le statut de l'assisté, M. Messu affirme que l'assisté n'est pas un récipiendaire passif des mesures d'assistance ; la normativité de l'assistance n'a rien de mécanique. En effet, pour que l'assisté social le soit, d'une part, il faut qu'il puisse être reconnu et s'y reconnaître. Il y a donc, le principe de double identification à prendre en compte dans l'analyse psycho-sociologique du phénomène. D'autre part, il doit assimiler les normes fournies par les dispositifs de l'assistance sociale et renégocier les modalités de mise en œuvre, les stéréotypes de l'assisté pour mieux comprendre son statut ou s'identifier à celui-ci. Enfin, M. Messu, dans son analyse, se lance dans une typologie de l'assistance sociale pour mieux mettre en relief les principales caractéristiques. Premièrement, il va repérer trois types de stratégies adoptées par les individus dans le cadre de l'assistance sociale : la sujétion, l'entretien et l'attente (M. Messu 1988). Ces stratégies sont fonction de l'attente de l'assisté envers les services d'assistance, les relations d'assistance qu'il entretient avec eux et sa volonté de recourir ou non aux prestations.

Deuxièmement, à partir des stratégies identifiées, M. Messu fait ressortir trois identités d'assistés. L'assisté honteux, l'ayant droit et l'assisté scrupuleux (M. Messu 2008). Cette dernière typologie accorde une place importante aux principes d'identité, d'auto-culpabilisation et de rationalité de l'acteur.

Dans la même dynamique, P. M. Daigneault (2014) propose une typologie de l'assistance sociale axée sur trois types idéaux à savoir les paradigmes du droit, de l'aide sociale (workfare) et de l'activation. Le premier paradigme, considère l'assistance sociale comme un droit garanti et devant être maintenu par l'État pour tous les citoyens. Dans ce modèle, les droits sociaux sont considérés comme la clé de la solidarité, de l'équité et de l'inclusion sociale. Dans ce type, les interventions publiques sont centrées sur « l'assistance passive », c'est-à-dire des transferts monétaires inconditionnels à tous les individus éligibles. Le deuxième paradigme (workfare) est inspiré d'une idéologie politique conservatrice. Dans ce modèle, l'inégalité est considérée comme un fait naturel de la vie. Ainsi, l'assistance sociale doit être sélective, restreinte voire minimaliste pour les pauvres méritants et les personnes handicapées. Il y a donc une segmentation de l'aide (entre diverses catégories) qui participe à décourager le recours à l'aide sociale et à améliorer l'éthique du travail, les attitudes et l'estime de soi. Enfin, avec ce modèle, il y a une introduction de diverses mesures de contrôle, des vérifications fréquentes et intrusives dans la vie de l'assisté, des rituels de dégradation plus ou moins fréquents et réguliers dont la finalité est l'auto-culpabilisation des assistés et la valorisation du travail et de la réussite individuelle.

Enfin, dans le troisième modèle (l'activation), l'aide sociale est perçue comme un contrat entre l'État protecteur et les individus. L'intervention de l'État en termes d'assistance est souhaitée à condition qu'elle soit stratégique et ciblée. De plus, les valeurs d'égalitarisme, d'égalité des chances et de méritocratie sont très importantes au sein du paradigme d'activation. Toutefois, ce modèle est problématique dans la mesure où il peut y avoir un manque d'incitations au travail, appelé « mur de l'aide sociale » ou « piège de l'aide sociale » qui poussent les bénéficiaires à choisir l'assistance plutôt que le travail.

Pour le cas du Sénégal, la politique d'assistance sociale peut s'inscrire à la fois dans les paradigmes des droits et d'activation. En effet, depuis l'indépendance, à travers les programmes d'action sociale[8] l'État cible des catégories vulnérables qui sont exclues du système de protection sociale pour redynamiser la solidarité, l'équité sociale et territoriale et l'inclusion sociale. Cette stratégie très limitée voire sélective s'est renforcée avec les programmes de filets sociaux sous le régime de Macky Sall car les autorités ont misé sur le ciblage pour mieux identifier les plus nécessiteux, les ménages les plus vulnérables dans le but de les soutenir.

2. Contexte de l'étude : pauvreté, vulnérabilité et protection sociale au Sénégal

L'assistance sociale publique telle qu'elle s'effectue sous le régime de Macky Sall est intervenue dans un contexte particulier marqué par un dysfonctionnement du système sénégalais de protection sociale, une généralisation de la pauvreté, une accentuation de la vulnérabilité socio-économique et un besoin d'assistance pour les couches vulnérables. Dans cette partie, nous allons analyser le contexte socioéconomique d'élaboration des programmes d'assistance sociale au Sénégal en insistant sur la dynamique de la pauvreté et les besoins de protection sociale à partir des années 2000.

---

[8] Au Sénégal, l'action sociale est structurée autour de cinq (5) programmes : le Programme National de Réadaptation à Base Communautaire, le Programme Enfance Déshéritée, le Programme d'Appui à la Promotion des Ainés, le Programme d'Autonomisation des Personnes Affectées par la Lèpre et Famille, le Programme de prise en charge médicale des indigents.

2.1. Dynamique de la pauvreté entre 2001 et 2011 et les besoins de protection sociale des Sénégalais

Le 19 mars 2000, le Sénégal réalise sa première alternance politique marquant ainsi son entrée dans le cercle des pays dit démocratiques. Pendant douze années, le président Abdoulaye Wade et ses alliés gouvernent le Sénégal sous le prisme de l'idéologie libérale (M. C. Diop 2013a). Au début de l'alternance *Le Sénégal sous Abdoulaye Wade* (M.-C. Diop 2013b) a enregistré des progrès significatifs avec des améliorations significatives des caractéristiques socio-économiques du pays et une réduction de la pauvreté de 55,2 % à 48,3 %, entre 2001 et 2005 (D. Chetboun 2015). Par contre, pour ce qui concerne la bonne gouvernance, la gestion des biens publics, la lutte contre la corruption, la première alternance est marquée par des scandales socio-économiques (M.-C. Diop, 2006), l'impunité, la corruption (M. Gaye 2010), une persistance de la pauvreté (J. P. Minvielle A. Diop et A. Niang 2005 ; G. Daffé et A. Diagne 2008), les difficultés dans l'éducation et la santé et des drames liés à l'émigration clandestine (M.-C. Diop 2008 ; A. Ngom 2020). Au final, le règne de A. Wade ressemble à une « alternance piégée » (A. L. Coulibaly 2003) par un clan (M. Niang 2011) et fortement marquée par des contestations socio-politiques (M. Dia 2005 ; M.-C. Diop 2013b) signes de précarité, de vulnérabilité sociale et de paupérisation.

Pour ce qui concerne le niveau de vie et le bien-être, des études sur la pauvreté comme les *Enquêtes Sénégalaises Auprès des Ménages* (ESAM-II, 2001) et les *Enquêtes de Suivi de la Pauvreté au Sénégal* (ESPS-I, 2005 et ESPS-II, 2012) réalisées par l'Agence Nationale de Statistique et de Démographie (ANSD) montrent une pauvreté généralisée avec près de la moitié de la population qui vit au-dessous du seuil de la pauvreté fixé à 1,90 dollar (autour de 1000 FCFA) par personne et par jour. Par exemple, entre 2005 et 2006, plus de la moitié (52 %) des ménages se considère comme pauvre (ANSD 2006). Ce taux est de 46,7 % à la veille de la seconde alternance (ANSD 2011). En cinq ans, le taux de pauvreté a diminué légèrement (5,3 points) mais reste encore assez élevé pour impulser un développement social à grande échelle.

D'autres études réalisées sous la direction de Gaye Daffé et de Abdoulaye Diagne (2008) montrent que la pauvreté est multidimensionnelle et qu'elle a un impact sous-estimé sur les conditions de vie et la santé des populations surtout en milieu urbain (P. Antoine et S. Fall 2008). De même, la pauvreté révélée par des études empiriques affecte les capabilités des enquêtés et influent sur leur insertion socio-professionnelle et la vie en famille. On note une paupérisation qui va au-delà des classes ou catégories vulnérables du fait de la raréfaction des ressources et l'essoufflement des solidarités par distribution. Aussi, elle a des effets sociaux plus ou moins nouveaux comme la forte dépendance et la marginalisation des jeunes et des ménages surtout dans les centres urbains (P. Antoine et S. Fall 2008). En fait, les conséquences sociales de la pauvreté touchent indubitablement les modes de vie, la solidarité et la cohésion sociale en milieu urbain sénégalais. Mais au-delà de la pauvreté, ce sont les perceptions (A. S. Fall 2007) et la vulnérabilité socioéconomique qu'il faut saisir pour mieux comprendre le besoin d'assistance sociale publique. Car, les conditions et les situations sociales sont peu sécures ; même les individus et les ménages qui ne sont pas classés parmi les pauvres peuvent basculer dans la pauvreté dès l'avènement d'un choc extérieur comme les crises économiques, les épidémies ou les pandémies, les catastrophes énergétiques mais aussi les phénomènes extrêmes liés au changement climatique.

Certes, les effets de la crise financière mondiale de 2007-2008 (F. J. Cabral 2012) ainsi que les conséquences de l'invasion acridienne de 2005 au Sénégal peuvent avoir des effets sur l'économie et le bien-être des populations, mais ce que retiennent des nombreux spécialistes et les populations sénégalaises, c'est que le régime du président Wade fut très difficile en termes de pouvoir d'achat, d'emploi, de protection sociale et de résilience socio-économique. Le budget alloué par l'État au financement des politiques sociales entre 2008 et 2011 était faible, de l'ordre de 0,3 % du produit intérieur brut (D. Chetboun 2015). Ce qui fait que le système de protection sociale sénégalais a toujours été de type minimaliste voire discriminatoire avec une bonne partie de la population sans aucune couverture sociale. Les rares opportunités de soutien public ne sont ni suffisamment connues ni facilement accessibles pour les nécessiteux.

2.2. Vulnérabilité et besoins de couverture sociale : sur le chemin de l'assistance sociale

Au Sénégal, les crises économiques et financières de la fin des années 2000 combinées aux effets liés aux changements climatiques ont mis de nombreux ménages surtout dans le monde rural dans des difficultés de survie (F. J. Cabral 2012). De plus, les grands projets agricoles tels que la *Grande Offensive Agricole pour la Nourriture et l'Abondance* (2008), le plan *Retour Vers l'Agriculture et la Loi d'Orientation Agro-Sylvo-Pastorale* (2004) n'ont pas produit les effets escomptés. Enfin, vers 2010, les solidarités informelles, interpersonnelles ou communautaires ont été mises à rude épreuve (E. Baumann 2016) et il n'y avait pas de véritables politiques sociales qui offrent des filets sociaux capables de soutenir certaines personnes et ménages à sortir du cycle de la pauvreté. Certes, à partir de 2000, des institutions internationales comme la Banque mondiale se sont beaucoup investies pour soutenir les programmes de filets sociaux de protection au Sénégal (Banque mondiale 2015), dans le cadre des *Objectifs du Millénaire pour le Développement* (2000-2015) et des *Objectifs du Développement Durable* (2015-2030) avec des résultats parfois encourageants, mais au regard du taux de pauvreté de 2011, les mesures prises et les programmes déroulés n'ont pas permis à de nombreux ménages de sortir du cycle de la vulnérabilité et de la pauvreté. En effet, l'étude de la vulnérabilité effectuée par G. Daffé et M. Diène (2017) à partir de l'ESPS-II (2011), renseigne que des facteurs comme la taille des ménages, l'âge avancé du chef de ménage et le faible niveau d'instruction, les difficultés d'accès aux infrastructures de base (santé, eau potable, transport et marché) constituent des facteurs de vulnérabilité qui exposent régulièrement les ménages à toutes sortes de menaces. De plus, pour ces deux chercheurs, le risque pour les individus et les ménages sénégalais de se retrouver dans une situation de vulnérabilité dans le futur est très élevé (70 %). La vulnérabilité concerne aussi bien les individus considérés comme pauvres que ceux qui sont dans une situation plus favorable de non pauvreté. Toutefois, ce qui caractérise la population sénégalaise au début de la décennie 2010, c'est l'existence de la vulnérabilité due à l'absence de mécanismes de protection sociale. En effet, en 2011, le nombre de personnes affiliées aux trois principales institutions de sécurité sociale (IPRES, CSS et FNR) ne représente que moins de 5 % de la population active et environ 12 % de la population totale (G. Daffé et M. Diène 2017). Il apparaît ainsi un besoin de protection sociale très élevé car, en plus de la faiblesse du taux de couverture, les institutions existantes sont sujettes à des difficultés de mobilisation de ressources, de gouvernance et de durabilité.

Une telle situation de vulnérabilité socio-économique nécessitait des correctifs pour sortir la population du cycle de la pauvreté et de la vulnérabilité ; ce qui justifierait un soutien public par le moyen des politiques sociales. Mais au-delà, c'est une question de prise en compte des questions d'égalité, d'équité et de justice sociale dans un contexte de pauvreté et de mise en œuvre de politiques publiques inclusives.

3. L'assistance sociale entre 2012 et 2022 : le retour de l'État social ?

À partir de 2013, il y a une rupture dans la stratégie nationale de protection sociale. En effet, avec le président Macky Sall, des programmes dits de filets sociaux comme le PNBSF, la CMU et la CEC ont été élaborés et mis en œuvre pour soutenir les ménages, les groupes et les individus considérés comme vulnérables et non suffisamment résilients. Ces programmes sociaux peuvent être considérés comme des mécanismes qui sont propres à l'État social ou à l'État-Providence.

Dans cette étude, nous entendons par État social, un État protecteur qui élabore des politiques sociales pour les citoyens et protège les plus démunis contre les risques sociaux « vulnérabilisant ». Les théoriciens de l'État social ou de l'État-providence (G. Esping-Andersen et B. Palier 2008) estiment qu'il est adapté pour les territoires économiquement solides, égalitaires et qui accordent une place importante à la protection sociale. Toutefois, en Afrique, le concept d'État social peut être très difficile à appréhender car les différents critères utilisés par les chercheurs n'expriment ni la réalité de l'État ni celle de la société. De plus, il est difficile d'intégrer la plupart des régimes de protection sociale africains dans un même système. Ils sont à la fois, paternalistes, résiduels, clientélistes et corporatistes (M. A. Diallo 2014).

Durant toute la période d'ajustement structurel (1979-1994), *Le Sénégal sous Abdou Diouf* (M.-C. Diop et M. Diouf, 1990) a fonctionné sur le principe « moins d'État, mieux d'État » avec un désengagement étatique (M. Diouf 1992) pour ce qui concerne les grands investissements et les politiques sociales. Le système de protection est presque « au régime » avec comme priorité de maintenir la sécurité sociale pour les fonctionnaires et les travailleurs du privé moderne et la limitation de l'assistance sociale aux indigents à travers les services en charge de l'action sociale ou de la solidarité nationale. La conséquence est la multiplication des programmes de filets sociaux de protection avec l'aide des institutions internationales ou des pays partenaires. À titre d'exemple, en 2011, il y avait douze programmes de filets sociaux répartis entre différents ministères et agences gouvernementales. Toutefois, du point de vue de la protection sociale (santé, retraite, maternité), le Sénégal a un faible niveau de couverture (M. A. Diallo 2014 ; E. Baumann 2016) malgré les différentes tentatives de modernisation, de diversification et d'extension de la sécurité sociale.

Depuis 2013, les différents Gouvernements de Macky Sall ont accordé un intérêt particulier aux questions sociales. Ce qui fait penser à un retour de l'État social d'avant la période d'ajustement structurel. En effet, *Le Sénégal sous Macky Sall* se donne un peu plus de responsabilité en ce qui concerne le bien-être socio-économique des populations (D. Sène 2016). Cependant, comme toute politique publique qui mobilise d'importantes ressources étatiques, les programmes d'assistance sociale de ces dix dernières années ont fait l'objet de débats sur sa durabilité et de son financement.

3.1. L'institutionnalisation de l'assistance sociale ou l'affirmation d'une politique sociale « dé-marchandisée »

Avant 2012, le volet assistance sociale était réparti entre diverses structures et dans des programmes qui n'ont pas de liens entre eux-mêmes si les cibles peuvent être identiques (les indigents, les personnes handicapées, les orphelins). Avec le président Macky Sall, l'institutionnalisation de l'assistance sociale est pré-annoncée dans le *Plan Sénégal Émergent* (voir axe 2 consacré au capital humain, à la protection sociale et au développement durable), document de référence du Gouvernement du Sénégal pour un développement socio-économique du pays à l'Horizon 2035.

Par ailleurs, la mise en œuvre de la politique sociale du président M. Sall a nécessité une mise à jour de la stratégie nationale de la protection sociale mais surtout une réorganisation institutionnelle avec la création en novembre 2012, de la *Délégation Générale à la Protection Sociale et à la Solidarité Nationale* (DGPSN) qui est une structure autonome rattachée à la présidence de la république (Voir Décret n° 2012-1311 du 16 novembre 2012). Les missions de cette délégation sont : l'impulsion et la mise en œuvre des politiques publiques en matière de protection sociale et de solidarité nationale ; la mise en place d'un dispositif efficace d'intervention de l'État en matière de protection sociale et de solidarité nationale ; la coordination de toutes les politiques publiques de protection sociale contribuant à la réduction de la pauvreté et des inégalités. La DGPSN pilote, coordonne, supervise la mise en œuvre du *Programme National de Bourses de Sécurité Familiale* à l'échelle nationale. Elle travaille avec d'autres structures étatiques mais aussi avec des acteurs de développement. Toute cette institutionnalisation des programmes sociaux répond à un besoin de « dé-marchandiser » même de façon partielle la protection sociale dans un contexte de pauvreté et de vulnérabilité socio-économique. En fait, en misant sur l'assurance sociale, les pouvoirs publics ont compris que l'assurance suppose des ressources économiques et financières régulières et durables. Or, l'extension et l'aggravation de la paupérisation à la fois dans les zones rurales et urbaines ne sont pas propices à une politique basée sur l'assurance sociale. Certaines catégories sociales ont besoin d'une assistance pour se nourrir, se soigner, se déplacer ou étudier. L'institutionnalisation de l'assurance sociale peut donc contribuer à atténuer (à défaut d'éradiquer) les effets liés à une pauvreté qu'on qualifie souvent de multidimensionnelle et d'extrême.

3.2. L'assistance sociale au Sénégal : exemple des programmes de transfert monétaire et de gratuité en matière de santé

Depuis une décennie, des fonds sont mobilisés (S. Ndiaye 2017) et des mesures prises par les pouvoirs publics pour permettre à certains groupes sociaux de faire face à la pauvreté mais aussi de bénéficier de soins. En effet, des initiatives comme la gratuité des soins pour les enfants de moins de 5 ans, la gratuité de la césarienne, de l'hémodialyse, les programmes de soutien aux personnes handicapées (carte d'égalité de chance), et aux ménages pauvres (bourses de sécurité Familiale, couverture maladie universelle) sont déroulées à l'échelle nationale pour soutenir les plus vulnérables. Ces différentes mesures sociales appellent un financement spécifique de l'État.

Actuellement, l'assistance sociale telle qu'elle se déroule à travers les trois programmes phares que sont le PNBSF, la CMU et le CEC se fait par le biais de transfert monétaire et d'assurance santé. Le transfert monétaire ou *cash transfert* consiste à verser une somme d'argent à des individus ou des ménages avec ou sans conditions afin de les aider à survivre voire à sortir de la pauvreté. Le *cash transfert* est différent de la pension de retraite ou de réversion ; il est un programme faisant partie des filets sociaux recommandés par la Banque mondiale.

Au Sénégal, l'assistance sociale par le transfert monétaire se fait dans le cadre du *Programme National de Bourses de Sécurité Familiale* (PNBSF). C'est un programme inspiré de la *bolsa familia* brésilienne et déroulé pour les personnes très vulnérables afin de lutter contre la pauvreté intergénérationnelle et l'exclusion sociale (F. M. Faye 2021) à travers une protection sociale intégrée visant à renforcer leurs capacités productives et éducatives (ANSD 2022).

Le PNBSF initié par le Gouvernement du Sénégal avec le soutien de l'Association Internationale de Développement (groupe de la Banque mondiale) est un programme de transfert monétaire pour les plus démunis n'ayant pas de salaires, ni d'autres sources de revenus monétaires conséquents. Le transfert monétaire vise les ménages les plus pauvres avec des conditionnalités souples telles que l'inscription et le maintien des enfants à l'école, l'assurance de leur prise en charge vaccinale et leur enregistrement à l'État civil. Dans le ménage, l'allocation est attribuée au ménage sous la responsabilité de la femme pendant 5 ans. Chaque trimestre, les 300 000 ménages ciblés reçoivent chacun une somme de 25 000 FCFA de la part de l'État, ce qui correspond à 7,5 milliards de francs CFA chaque trimestre (Banque mondiale 2019). Le choix des bénéficiaires s'est fait grâce à des ciblages de type catégoriel, géographique et communautaire par le moyen du Registre National Unique (F. Ndiaye *et al.* 2019) et des enquêtes sociales. Des critères liés à la taille du ménage, le niveau de revenu, l'habitat, la présence des personnes vulnérables (enfants, handicapés, personnes âgées), l'accès aux infrastructures sociaux de base (école, structures de santé, eau courante), sont pris en compte pour choisir les ménages en fonction de leur degré de pauvreté et de vulnérabilité (F. M. Faye 2021).

Près de 10 ans après le lancement, le transfert monétaire par le moyen des bourses familiales est généralement bien apprécié par les cibles (A.S. Fall *et al.* 2022 ; I. Sène et M. A. Diallo 2021, M. Coly 2022) même si les dimensions liées à l'autonomisation et à la création de richesse sont peu visibles chez la plupart des bénéficiaires. Néanmoins, des exemples de réussite sont notés un peu partout à l'échelle nationale avec des femmes qui arrivent à créer des activités génératrices de revenus dans l'aviculture, l'élevage, le maraîchage, le petit commerce, l'artisanat, etc.

Le succès du PNBSF et la persistance des vulnérabilités socio-économiques à la suite de l'inflation causée par la pandémie due à la COVID-19 ont permis de lancer en mai 2022, un autre programme de transfert monétaire pour les plus pauvres. Ce cash transfert exceptionnel de 43 000 436 480 milliards financé exclusivement par la Banque mondiale et ciblant 542 956 ménages inscrits dans le *Registre National Unique* (RNU) ont permis à chaque ménage de recevoir 80 000 FCFA en plus de la bourse familiale pour certains. Des bénéficiaires du PNBSF ont pu avoir un revenu exceptionnel qui complète leurs allocations trimestrielles.

Par ailleurs, vers 2008, à côté des problèmes de survie et de la faiblesse de la couverture maladie (moins de 20 % de la population), la pauvreté s'est accompagnée de difficultés d'accès aux services et soins de santé pour une bonne partie de Sénégalais. Ces difficultés ont motivé la mise en place d'un certain nombre de gratuités comme le Plan sésame en 2008 (I. Diallo 2013) et la gratuité de la césarienne en 2005. À l'arrivée de Macky Sall, le Gouvernement du Sénégal a essayé de maintenir ces gratuités malgré les importantes dettes envers les structures sanitaires. De plus, des nouvelles gratuités comme la dialyse (2012), la gratuité des soins pour les enfants de moins de 5 ans et la prise en charge des frais de santé des catégories les plus pauvres et les plus vulnérables dans le cadre de la *Couverture Maladie Universelle* (CMU) ont été ajoutés.

La CMU est l'un des programmes phares du régime du président Macky Sall. Avec la CMU, vers 2035, tous les Sénégalais devraient bénéficier d'une assurance santé quels que soient leurs revenus, leurs catégories sociales ou leur milieu de résidence. Pour ce faire, d'un côté, à travers une assurance financée en partie par l'État et le citoyen, la CMU permet à tous les Sénégalais exclus par le système de protection sociale, d'accéder à des soins dans les établissements publics de santé à travers les mutuelles de santé. D'un autre côté, l'État assure une gratuité des soins aux plus pauvres qui sont dans l'impossibilité de souscrire aux mutuelles en raison d'une absence ou d'irrégularité de revenus.

Théoriquement, tous les bénéficiaires du PNBSF doivent être enrôlés au niveau de la CMU. En pratique, la réalité est toute autre ; en 2019, 53 % des ménages enrôlés dans la *Couverture Maladie Universelle* sont bénéficiaires de la bourse familiale (ANSD 2022 : 111). L'une des raisons avancées est que certaines mutuelles de santé n'offrent pas une prise en charge à ces personnes parce qu'elles ne reçoivent pas à temps la subvention de l'État pour ces programmes.

Avec la CMU, le Gouvernement du Sénégal vise un taux minimum de 75 % de couverture à l'horizon 2020. Grâce au programme de la couverture maladie universelle, le taux de couverture du risque maladie, tous régimes confondus, est évalué à 49,6 % en 2017 contre moins de 20 % de la population sénégalaise couverte avant la mise en œuvre de la CMU en 2013. Toutefois, des dysfonctionnements sont observés dans son déroulement, car de nombreux citoyens enrôlés depuis 2017 n'arrivent pas à bénéficier d'une prise en charge (R. Sané 2022 ; M. Coly 2022 ; M. Diédhiou 2022). De plus, certains parmi ceux qui sont enrôlés ou assurés, ne profitent pas véritablement de la CMU car d'une part, les structures de santé (postes de santé, centres de santé, hôpitaux) ne prennent en charge qu'un paquet de réduits de prestations (généralement le ticket de consultation) et d'autre part, les pharmacies publiques sont peu fournies ; ce qui obligent les patients assurés à recourir aux officines privées pour l'achat de médicaments (M. Diédhiou 2022).

Par ailleurs, l'assistance sociale des personnes handicapées est prise en compte dans la nouvelle stratégie nationale de protection sociale. À cet effet, le 30 avril 2015, le *Programme de la Carte d'Égalité des Chances* (CEC) est officiellement lancé. Ce programme qui entre dans le cadre des filets sociaux vient renforcer la protection sociale des groupes vulnérables notamment les personnes handicapées. Le programme CEC est une continuité du *Programme National de Réadaptation à Base Communautaire* (PNRBC) en vigueur depuis 2005. Avant le lancement du programme CEC, en 2013, la prévalence du handicap est de 5,9 %, (ANSD 2013). En 2019, 54 305 cartes d'égalité des chances, (dont 25 507 bénéficiaires de BSF, 19 230 enrôlés dans les mutuelles de santé) ont été recensées pour une population estimée de 927 836 individus en 2018 (MSAS). Avec le programme CEC, les personnes handicapées disposent d'un outil de protection sociale[9] telle que voulue par la *Loi d'Orientation Sociale* de 2010 votée sous le régime libéral du président Abdoulaye Wade.

Pour ce qui concerne le volet santé, l'État garantit à la personne handicapée les soins médicaux nécessaires à sa santé physique et mentale. Dans les structures de santé, grâce à la carte d'égalité des chances, les personnes handicapées ne devraient pas les frais de soins et de santé, des frais des appareils orthopédiques et des aides techniques nécessaires au niveau des établissements publics de santé ; et paient un prix réduit, dans les services privés de santé.

4. Analyse des programmes d'assistance sociale au Sénégal

Au Sénégal, depuis l'indépendance, le concept d'action sociale est préféré à celui d'assistance sociale négativement chargée même si les deux notions renvoient à un même esprit (solidarité), une même finalité (résilience) et ciblent généralement des personnes considérées comme vulnérables (les pauvres, les handicapés, les personnes âgées, les enfants de moins de 5 ans). Dans les deux cas, il s'agit de soutenir les

[9] Avec la Loi d'orientation sociale, toute personne handicapée reçoit une carte spécifique appelée « carte d'égalité des chances ». Cette dernière, permet à son titulaire de bénéficier des droits et avantages en matière d'accès aux soins de santé, de réadaptation, d'aide technique, financière, d'éducation, de formation, d'emploi, de transport, ainsi qu'à tout autre avantage susceptible de contribuer à la promotion et à la protection des droits des personnes handicapées.

personnes et les catégories vulnérables contre les risques sociaux susceptibles de perturber négativement leurs vies quotidiennes.

Une décennie d'assistance sociale mérite que l'on s'interroge sur les programmes sociaux du régime de Macky Sall (A. A. Diop 2015). Notre analyse portera sur le coût des programmes sociaux, les limites du ciblage et du choix des bénéficiaires, la problématique de l'autonomisation des bénéficiaires, la question de la prise en charge du handicap et les défis liés à la stratégie universaliste adoptée en matière de santé.

4.1. Identification des bénéficiaires de l'assistance sociale : la problématique du ciblage et de l'enrôlement

Ces dernières années, avec le concours de l'ANSD, un *Registre National Unique* (RNU) est mis en place pour faciliter le ciblage dans le cadre des politiques publiques. Cette base de données dynamique a pour mission d'identifier les personnes et les ménages vulnérables selon des critères socio-économiques, suivant un processus de ciblage à trois niveaux : géographique, communautaire et scientifique (A. Paganini et B. Sène 2015). Grâce au RNU, l'État du Sénégal a pu sélectionner des ménages pour le PNBSF. En effet, « entre 2013 et 2019, un total de 458 550 ménages sont inscrits dans le Registre National Unique (RNU) pour un objectif de 464 548 ménages, parmi les plus pauvres » (ANSD 2022 : 111). Toutefois, le ciblage est sujet à des débats et critiques récurrents pour ce qui concerne l'objectivité. Par exemple, sur l'ensemble des ménages inscrits dans le RNU, seuls 69,1 % ont bénéficié d'une bourse familiale. En fait, dès le début, des difficultés ont été notées au niveau des maillons de la chaîne de mise en œuvre des ciblages (A. Paganini et B. Sène 2015). Parfois, des écarts ont été notés entre les ménages identifiés par l'ANSD et ceux enregistrées par les autorités locales. (A. Paganini et B. Sène 2015). Ainsi, des erreurs d'inclusion (avec des passagers clandestins) et d'exclusion (perte de droits) de bénéficiaires indigents sont notées dans le programme, ce qui accentue les débats politiques sur la mise en œuvre du PNBSF et surtout la politisation du programme (A. S. Fall *et al.* 2022). En outre, depuis 2013 le ciblage géographique a utilisé des cartes de pauvreté de 2011 au niveau départemental qui ne permettent plus de bien cibler les poches de besoin restant (villages et quartiers pauvres). Enfin, l'apurement et le transfert de données de 2015 a été assez chaotique à cause des pressions socio-politiques. Le niveau d'apurement des données serait très bas selon les premiers utilisateurs, à tel point que l'identification et la localisation des ménages sont très difficiles.

Par ailleurs, les dimensions objectives de la pauvreté (critères économiques et monétaires) ne sont pas suffisantes pour le ciblage. Les perceptions sur les conditions de pauvreté, l'identification au statut de pauvre, le vécu familial et communautaire, le capital social (soutiens et réseaux), les capacités et possibilités, l'inclusion sociale, l'organisation sociale, et les modes de vie, les habitudes, l'acceptation de l'assistance... sont à prendre en compte dans le ciblage. En outre, comme tout système de ciblage dans un contexte de « pauvreté généralisée » et de faible différenciation entre les « pauvres extrêmes », les « pauvres modérés » et les « presque pauvres », il y a de forts risques d'importantes erreurs d'inclusion et d'exclusion. Enfin, il faut s'intéresser aux besoins que les ménages jugent nécessaires et à ceux qui, à leur avis, sont un signe de pauvreté.

4.2. Le coût des programmes sociaux ou la question de la durabilité de l'assistance sociale

La protection sociale est traditionnellement financée par les cotisations sociales (employeurs et travailleurs) tirées de l'emploi. Par contre, pour ce qui est de l'assistance sociale, généralement, l'État est le principal financeur. Ce dernier mobilise les ressources financières à partir des recettes fiscales, de la réaffectation des dépenses publiques, des revenus issus d'investissements ou de dons/legs mais aussi de l'aide publique au développement.

Au Sénégal, les programmes sociaux d'assistance sont financés par l'État et les partenaires extérieurs tels que la Banque mondiale. Entre 2012 et 2022, le coût économique de l'assistance sociale est de plusieurs centaines de milliards. En fait, les coûts varient en fonction des programmes et des cibles. Par exemple, pour le PNBSF, le volume financier global distribué aux ménages vulnérables s'élève à plus de 130 milliards depuis 2013. Pour ce qui est de la CMU, entre 2015 et 2020, près de 53 milliards ont été payés pour rembourser les prises en charge des gratuités (césarienne, soins des enfants de moins de 5 ans, plan sésame, dialyse) mais aussi pour payer les mutuelles de santé. La conséquence est que depuis 2017, la plupart des programmes n'ont pas recruté. Des raisons financières sont évoquées car l'État n'arrive pas à s'acquitter de sa quote-part (R. Sané 2022).

Il faut dire que les modèles fondés sur les gratuités et l'universalisme en santé comme la France et le Royaume-Uni connaissent très souvent des dysfonctionnements économiques, sociaux et financiers (B. Palier et G. Bonoli 1995 ; B. Palier 2005) car les besoins de santé sont souvent importants et les coûts élevés. Par conséquent, il y a un risque réel de dégradation de la qualité des prestations. De plus, la durabilité des programmes est très souvent menacée car le financement public dans le long terme dépend de nombreux facteurs (crises économiques, tensions de trésorerie, phénomènes environnementaux extrêmes, pandémies) difficilement prévisibles. Au Sénégal, il est possible de mobiliser davantage de ressources pour financer les programmes d'assistance sociale par la réduction ou la suppression des subventions sur l'énergie (OIT 2021), la suppression des avantages fiscaux accordés à certaines entreprises, par l'élargissement de l'assiette fiscale notamment au niveau du secteur informel, du patrimoine foncier ou immobilier et par le financement à travers les recettes pétrolières et/ou gazières.

4.3. L'assistance sociale par la bourse familiale : logique d'assistanat ou d'autonomisation ?

Toute politique d'assistance sociale vise d'une part, à soutenir les individus et les ménages en difficulté et d'autre part, à aider à rompre le cycle de vulnérabilité socio-économique et sanitaire des cibles c'est-à-dire d'offrir une autonomie. L'autonomisation suppose une amélioration significative des conditions de vie mais aussi, une capacité de trouver d'autres ressources économiques et financières à travers des activités génératrices de revenus. Toutefois, les programmes sociaux déroulés au Sénégal depuis une décennie à travers le transfert monétaire (PNBSF), la prise en charge sanitaire (CMU, CEC, Plan sésame) des groupes vulnérables n'arrivent pas véritablement à permettre aux bénéficiaires d'être durablement autonomes.

Par exemple, pour ce qui concerne le PNBSF, l'autonomisation des bénéficiaires est à la fois un enjeu et un défi car les « boursiers » sont censés sortir du système d'assistance cinq ans après leur enrôlement. Cependant, de nombreuses études ont montré que la bourse familiale est généralement une allocation pour l'alimentation (M. Thoreux *et al.* 2017 ; I. Sène et M. A. Diallo 2021 ; A. S. Fall *et al.* 2022) et de survie. Le transfert monétaire reçu est presque totalement consommé ; elle est très peu épargnée et peu investie. En effet, au regard de la faiblesse de la bourse (25 000 FCFA par trimestre soit 100 000 FCFA par an), les bénéficiaires ne peuvent pas véritablement sortir de la pauvreté dont le seuil est fixé par les institutions internationales autour de 1000 FCFA/jour. En outre, avec le coût élevé de la vie et la taille numériquement importante des ménages d'environ huit personnes (ANSD 2014), le transfert monétaire (montant fixe quel que soit la taille du ménage) reçu permet à peine de couvrir les besoins essentiels de certains membres du ménage. Toutefois, dans une situation d'extrême pauvreté et d'absence de revenus monétaires réguliers, voire de patrimoine ou de biens, la bourse est une aubaine pour des milliers de ménages surtout dans le monde rural. Cependant, en privilégiant le transfert monétaire, le PNBSF maintient les bénéficiaires dans un système d'assistanat dont les conséquences psychosociales connues sont : le manque de motivation pour entreprendre, la suffisance personnelle, la stigmatisation, la culpabilisation, la disqualification sociale (S. Paugam 2009).

4.4. La couverture santé universelle : le défi de l'assistance-assurance

Le *Programme de la couverture maladie universelle* (CMU) est un dispositif d'assurance santé pour tous les Sénégalais exclus du système de sécurité sociale. Avec la CMU, plusieurs prestations gratuites sont offertes à des catégories bien ciblées. Toutefois, les concernés ne disposent pas nécessairement de l'information suffisante pour accéder à ces services. (E. Baumann 2016) et le parcours de soins peut être décourageant. De plus, le système de gratuités proposé est souvent très restrictif : elles concernent un paquet limité de services, avec des restrictions sur l'offre (respect de la pyramide sanitaire), le type de médicaments (médicaments essentiels génériques) et de prestations (parfois limitées aux consultations) (B. Taverne *et al.* 2021). En outre, l'approche de l'adhésion non obligatoire n'est pas très pertinente dans des terroirs et des communautés où la culture de l'assurance est très souvent limitée par des facteurs économiques, socioculturels et des croyances locales.

Par ailleurs, des études ont montré une certaine réticence des prestataires à prendre en charge les assistés sociaux. Par exemple, dans certaines mutuelles de santé, l'enrôlement des titulaires de la carte d'égalité de chance a été fait depuis 2017 mais, les prestations n'ont pas débuté car la mutuelle attend le versement de la subvention de la part de l'État pour démarrer les activités (R. Sané 2022). Enfin, l'assistance sociale en santé nécessite un personnel qualifié, des relations positives entre soignants et soignés, une prise en charge et des prestations de qualité. Or, le comportement des personnels de santé en Afrique est marqué par une maltraitance des patients (J. P. Oliver de Sardan 2003). En outre, leur corruption et leur vénalité sont très largement dénoncées par les populations, en même temps que leur mépris des usagers et la faible qualité de leurs prestations (J. P. Olivier de Sardan, N. Bako-Arifari et A. Moumouni 2007).

Pour finir, la couverture universelle en santé est un objectif pertinent pour le Gouvernement mais très difficile à atteindre à cause de nombreuses contraintes socio-économiques. L'assistance sociale par la pris en charge totale des cotisations permet dans ce cadre d'offrir à des personnes une assurance santé et au Gouvernement d'augmenter le nombre de bénéficiaires. Toutefois, cette stratégie ne peut pas être généralisée à tous les Sénégalais. Atteindre la couverture santé universelle suppose plus d'engagement et d'adhésion de la part des individus et des ménages. Certes, des acteurs non étatiques (acteurs politiques, associations, ONG) et autres bénévoles s'investissent pour enrôler des individus et surtout des élèves dans la CMU (M. Diédhiou 2022), mais leurs actions sont ponctuelles et opportunistes. Or, pour la viabilité de la couverture santé universelle, le programme CMU doit avoir une stratégie qui repose sur le principe d'universalisme progressif avec une segmentation de l'offre selon les besoins et les cibles. Le soutien de l'État à travers l'enrôlement des plus démunis ou des plus vulnérables doit être minimaliste, à caractère solidaire, humanitaire et non le volet le plus important.

Des expériences dans le Sénégal Oriental montrent que le système mutualiste peut continuer à fonctionner, en ne misant pas simplement sur des cotisations de nature financière. L'apport en nature ou l'exercice d'activités d'intérêt mutualiste peuvent être pris en compte pour permettre aux personnes pauvres ayant des difficultés financières à continuer à adhérer et à bénéficier des services et des prestations par le moyen des mutuelles de santé. Enfin, la CMU doit prendre en compte les pratiques sociales liées au recours aux soins de santé. En effet, pour de nombreux Sénégalais la médecine traditionnelle et l'automédication sont des alternatives pour se soigner. Or, aucun accompagnement étatique n'est prévu dans le cadre de la CMU. Pourtant l'autorité sanitaire gagnerait à étendre l'assurance santé en associant les tradi-praticiens à la CMU parce que finalement ce qui est recherché c'est assurer l'accès à la santé à la population.

4.5. La Carte d'Égalité de Chance : un « passeport » contre les vulnérabilités socioéconomique et sanitaire pour les personnes avec un handicap ?

Le programme de *Carte d'Égalité des Chances* (CEC) est un aspect fondamental de la protection sociale segmentée. Elle est offerte aux personnes handicapées pour leur permettre de bénéficier d'un ensemble d'avantages en santé, emploi et transport. La CEC est un élément d'inclusion sociale car les handicapés sénégalais ont des difficultés pour se déplacer, se soigner et d'avoir de revenus réguliers à travers un emploi (I. Sène 2020). Seulement, tous les handicapés ne bénéficient pas du programme. Le problème est essentiellement dû à une faible allocation de ressources et une difficulté de leur mobilisation. L'autre problème réside dans l'identification et l'enrôlement des personnes en situation de handicap. En effet, pour bénéficier de la CEC, l'individu doit être enrôlé par les services déconcentrés de l'action sociale, s'inscrire dans une mutuelle de santé et disposer d'un certificat d'invalidité délivré par un médecin agréé par le ministère de la Santé et de l'Action sociale. Or, d'un côté, dans certaines zones rurales en déficit de mutuelles de santé et de médecins, les démarches administratives peuvent être contraignantes pour les handicapés démunis, sans moyens de transport et sans accompagnants. D'un autre côté, il faut une acceptation ou une reconnaissance du handicap par la personne elle-même car la peur de la stigmatisation et les effets cognitifs associés peuvent limiter les concernés à solliciter ou à accepter une assistance sociale individuelle ou institutionnelle. En outre, le détenteur de la CEC est le seul bénéficiaire des prestations socio-sanitaires ; Il ne peut pas en faire profiter sa famille ou son ménage. Or, dans le cas où la personne ciblée est chef de ménage, si un membre du ménage a des problèmes de santé, les frais de soins peuvent être coûteux et difficilement supportables pour lui. Malgré l'assurance par le moyen de la CEC, il n'est pas à l'abri de la précarité et de la vulnérabilité socio-économique. De plus, la CEC ne permet pas actuellement d'accéder à tous les avantages et services prévus par la loi de 2010 et le décret de 2012.

Aujourd'hui, la carte n'assure que contre le risque santé ; Les autres services associés ne sont pas encore effectifs. Enfin, la carte n'est valable que dans les structures de santé publiques et dans les centres de réadaptation fonctionnels. Pourtant, l'accueil et la prise en charge dans ces structures restent problématiques car très souvent les structures de santé primaires ont d'une part, un plateau technique et des ressources assez limitées et d'autre part, certains établissements publics sont connus pour être inhospitaliers avec des relations difficiles entre soignants et soignés (J. P. Olivier de Sardan et Y. Jaffré 2003).

Conclusion

Depuis plus d'un demi-siècle, le Sénégal essaye d'offrir une protection sociale à ses citoyens exposés à des multiples crises sociaux économiques et environnementales. Des institutions et des mécanismes ont été mis en place dans le cadre de la prévoyance sociale en milieu professionnel mais le taux de couverture reste faible. Toutefois, de nombreuses études montrent qu'une partie de la population est encore exclue du système formel de protection sociale. Des politiques, programmes et initiatives plus ou moins dispersés ont permis d'offrir une assurance santé à des catégories vulnérables. Cependant, le constat est que l'État n'arrive pas à mobiliser les populations et des ressources autour d'une assurance sociale volontaire malgré l'élaboration d'une stratégie nationale de protection sociale depuis 2005. Les facteurs bloquants sont multiples alors que les besoins de protection sont de plus en plus importants.

Dans la décennie 2012-2022, la stratégie nationale de protection sociale a accordé une grande place à l'assistance sociale. Les nombreux programmes sociaux déroulés à partir de 2013 s'inscrivent dans une logique d'État-Providence ou d'État social. Ces programmes se justifient par un besoin d'assistance sociale très important au regard de la pauvreté et des vulnérabilités des populations. Aujourd'hui, les programmes de transferts monétaires (PNBSF) et d'accès à la santé (CMU, CEC) permettent aux groupes ou catégories vulnérables de vivre un peu plus décemment et d'accéder aux structures de santé. Toutefois, ces divers programmes sociaux restent fragiles car ils n'arrivent pas à maîtriser les flux d'entrée et de sortie des cibles à cause des fraudes (A. S. Fall *et al.*, 2022) et des difficultés à assurer le financement dans la durée. Il faut dire que les critères de pauvreté économique ne sont pas suffisants pour inclure ou exclure des ménages du RNU. Il faut prendre en compte l'intégration des individus et des ménages dans des groupes ou communautés résilientes et solidaires. En effet, les groupes sociaux se forment suivant des critères de ressemblance en termes de conditions, d'identité, de culture et d'histoire. Les personnes pauvres sont parfois négligées voire exclues de certains groupes. Ainsi, les programmes d'assistance sociale en améliorant les conditions de vie des bénéficiaires peuvent être des éléments de réaffiliations, d'intégration, d'inclusion sociale.

Références bibliographiques

ANSD, 2022, *Situation Économique et Sociale du Sénégal 2019*, [En ligne], URL: (https://www.ansd.sn/ressources/ses/chapitres/6-SES-2019_Assistance-sociale.pdf (consulté le 02 juillet 2022).

ANSD, 2014, *Recensement Général de la Population et de l'Habitat, de l'Agriculture et de l'Élevage (RGPHAE 2013)*, [En ligne], URL: http://www.ansd.sn/ressources/RGPHAE-2013/ressources/doc/pdf/10.pdf (consulté le 10 juin 2022).

ANSD, 2011, *ESPS 2010-2011*, [En ligne], URL: http://www.ansd.sn/ressources/rapports/Rapport_ESPS-2011.pdf (consulté le 15 juin 2022).

ANSD, 2006, *ESPS 2005-2006*, [En ligne], URL: http://www.ansd.sn/ressources/rapports/Rapport_ESPS.pdf (consulté le 15 juin 2022).

ANTOINE Philippe et FALL Soukeyenatou, 2008, « Population et pauvreté à Dakar » : 29-50, dans Gaye Daffé et Abdoulaye Diagne (dir.), *Le Sénégal face aux défis de la pauvreté : les oubliés de la croissance*, Dakar /Paris, CRES/CREPOS/Karthala.

BANQUE MONDIALE, 2019, *La bourse familiale, un coup de pouce indispensable pour briser le cycle de la pauvreté*, [En ligne], URL: https://www.banquemondiale.org/fr/news/feature/2019/06/14/the-family-allowance-a-critical-boost-to-help-break-the-chain-of-intergenerational-poverty (consulté le 20 juin 2022).

BARBIER Jean-Claude, 2017, « L'assistance sociale en Europe : traits européens d'une réforme et persistance de la diversité des systèmes (1988-2017) », dans *Revue française des affaires sociales*, n° 3 : 15-45. [En ligne], URL: https://doi.org/10.3917/rfas.173.0015 (consulté le 10 juillet 2022).

BAUMANN Eveline, 2016a, « Protéger les travailleurs : protection sociale et nouveaux outils au service de la cohésion sociale », dans *Sénégal, le travail dans tous ses états,* Rennes, PUR. [En ligne], URL: http://books.openedition.org/pur/46484 (consulté le 13 juillet 2022).

BAUMANN, Éveline 2016b, « Les politiques publiques : inciter au travail » In : *Sénégal, le travail dans tous ses états*, Rennes, PUR, [En ligne], URL: http://books.openedition.org/pur/46805 (consulté le 15 octobre 2022)

CABRAL, François Joseph, 2012, « Impact de la crise économique mondiale de 2008-2009 sur l'économie sénégalaise » dans *Cahier de recherche,* Dakar: Partnership for Economic Policy (PEP) Research Network, [En ligne], URL : https://nbn-resolving.org/urn:nbn:de:0168-ssoar-360865 (consulté le 15 juillet 2022).

CASTEL Robert, 1991, « De l'indigence à l'exclusion, la désaffiliation. Précarité du travail et vulnérabilité relationnelle » : 137-168, dans J. Donzelot (dir.), *Face à l'exclusion : Le modèle français*, Paris, Ed. Esprit.

CHETBOUN David, 2015, « Où en est l'économie sénégalaise trois ans après l'alternance ? » : 1-32, dans David Chetboun, *Où en est l'économie sénégalaise trois ans après l'alternance française*, Paris, Agence française de développement.

COLY Mariama, 2022, *Le rôle du Programme National de Bourses de Sécurité Familiale dans la lutte contre la pauvreté dans la commune de Ziguinchor*, Mémoire de Master de sociologie, Université Assane Seck de Ziguinchor.

COULIBALY Abdou Latif, 2003, *Wade, un opposant au pouvoir. L'alternance piégée ?* Dakar, Éditions Sentinelles.

DAFFE Gaye et DIENE Mbaye, 2017, « Quelle politique de protection sociale face à la grande vulnérabilité des ménages sénégalais ? », dans *Nopoor Policy Brief,* n°46, CRES, Dakar, [En ligne], URL: https://www.cres-sn.org/nopoor/presentations/Mbaye_diene_NOPOOR%20POLICY%20BRIEF%20No%2046%20Quelle%20politique%20de%20protection%20sociale.pdf (consulté le 14 octobre 2022).

DAFFE Gaye et DIAGNE Abdoulaye (dir.), 2008, *Le Sénégal face aux défis de la pauvreté : les oubliés de la croissance,* Dakar /Paris, CRES/CREPOS/Karthala.

DAIGNEAULT Pierre-Marc, 2014, « Three paradigms of social assistance », *SAGE Open*, vol. 4, n° 4, (en ligne), URL : https://journals.sagepub.com/doi/pdf/10.1177/2158244014559020 (consulté le 14 juin 2022).

DIA Mamadou, 2005, *Échec de l'alternance au Sénégal et crise du monde libéral*, Paris, L'Harmattan.

DIALLO Ibrahima, 2013, *Analyse d'une politique publique de santé destinée aux personnes âgées au Sénégal. La mise en œuvre du système d'assistance « SÉSAME »*, Mémoire de Maîtrise en gérontologie, Université de Sherbrooke.

DIALLO Mamadou Aguibou, 2014, *La protection sociale au Sénégal : l'exemple des ouvriers du bâtiment à Dakar*, Thèse de doctorat de 3e cycle de Sociologie, Université de Bretagne Occidentale.

DESTREMAU Blandine et MESSU Michel, 2008, « Le droit à l'assistance sociale à l'épreuve du local », *Revue française de science politique*, vol. 58, n° 5 : 713-742.

DIEDHIOU Mariama, 2022, *Dynamiques sociales autour de la CMU dans l'arrondissement de Niakhar en 2020*, Mémoire de Master en sociologie, Université Assane Seck de Ziguinchor.

DIENE Moustapha, 2021, *La Justice sociale au Sénégal : Penser la bourse de sécurité familiale à travers Rawls, Sen et Tronto*, Dakar, L'Harmattan.

DIOP Abdoul Aziz, 2015, *Macky Sall et la société du care : radioscopie d'une politique sociale*, Paris, L'Harmattan.

DIOP Momar-Coumba (dir.), 2013a, *Sénégal, 2000-2012 : les institutions et politiques publiques à l'épreuve d'une gouvernance libérale,* Paris, Karthala.

DIOP Momar-Coumba (dir.), 2013b, *Le Sénégal sous Abdoulaye Wade*, Paris, Karthala.

DIOP Momar-Coumba, (dir.), 2008, *Le Sénégal des migrations : mobilités, identités et sociétés*, Paris, Karthala.

DIOP Momar-Coumba, 2006, « Le Sénégal à la croisée des chemins », dans *Politique africaine*, n° 104 : 103-126, [En ligne], URL: https://doi.org/10.3917/polaf.104.0103 (consulté le 15 juin 2022).

DIOP Momar-Coumba et DIOUF Mamadou (dir.), 1990, *Le Sénégal sous Abdou Diouf. État et société*, Paris, Karthala.

DIOUF Makhtar, 1992, « La crise de l'ajustement », dans *Politique africaine*, n° 45 : 62-85.

ESPING ANDERSEN Gosta, 1999, *Les trois mondes de l'État providence*, Paris, PUF.

FALL Abdou Salam, CISSE Rokhaya, MOUSSA Soufianou, 2022, *Évaluation des programmes de Protection Sociale au Sénégal*, LARTES-IFAN, [En ligne], URL: https://lartes-ifan.org/sites/default/files/2022-05/rapport_provisoire_reprosoc.pdf (consulté le 29 juin 2022).

FALL Abdou Salam, 2007, *Bricoler pour survivre : perceptions de la pauvreté dans l'agglomération urbaine de Dakar*, Paris, Karthala.

FAYE Fatoumata Mbagnick, 2021, *Couverture sanitaire universelle au Sénégal : évaluation d'impact et analyse des politiques de financement de la santé*, Thèse de doctorat de 3e cycle en Économie et finances, Université Clermont Auvergne / Université Cheikh Anta Diop (Dakar), [En ligne], URL: https://tel.archives-ouvertes.fr/tel-03690782/document (consulté le 20 juin 2022).

GAYE Mandiaye, 2010, *Le Sénégal sous Abdoulaye Wade : Banqueroute, corruption et liberticide*, Paris, L'Harmattan.

JAFFRE Yannick et OLIVIER DE SARDAN Jean-Pierre, 2003, *Une médecine inhospitalière: Les difficiles relations entre soignants et soignés dans cinq capitales d'Afrique de l'Ouest*, Paris, Karthala.

MERRIEN François-Xavier, 2007, *L'État-providence*, Paris, Presses Universitaires de France.

MESSU Michel, 2008, « Les normes de l'assistance : côté pile, côté face et d'un autre côté », communication au colloque international *normativité, normes, normalité*, Lausanne (Suisse), Haute école de travail social et de la santé les 16 et 17 novembre 2006, 19 p. [en ligne], URL : https://halshs.archives-ouvertes.fr/halshs-00258699/document (consulté le 02 juillet 2022).

MESSU Michel, 2009, *Les assistés sociaux : suivi de l'assurance d'assistance*, Fribourg, Éditions Saint-Paul.

MESSU Michel, 1988, *le statut social d'assisté : étude des stratégies d'utilisation de l'action sociale,* Thèse de Doctorat en *Sociologie*, Université Paris 5.

MINVIELLE Jean-Paul, DIOP Ahmadou et NIANG Aminata, 2005, *La pauvreté au Sénégal : des statistiques à la réalité,* Paris, Karthala.

MINISTÈRE DE LA SANTÉ ET DE L'ACTION SOCIALE, (s. d.) « Plan stratégique de développement du sous-secteur de l'action sociale 2020-2024 », 68 p. [En ligne], URL: https://www.sante.gouv.sn/sites/default/files/PSDSAS%20VERSION%20FINALE_0.pdf (consulté le 02 juillet 2022).

NDIAYE Fatou, DIOP Ousseynou et SARR Mansour Sy, 2019, « Le Registre National Unique (RNU) du Sénégal : vers une couverture nationale », dans *Policy Research Brief* 63, International Policy Center for Inclusive Growth, 4 p.

NDIAYE Lena D., 2001, « Le service social au Sénégal : recherche d'un sens ou histoire d'une réception », dans *Reflets : revue d'intervention sociale et communautaire*, vol. 7, n° 2 : 172-191, [En ligne], URL: http://id.erudit.org/iderudit/026365ar (consulté le 12 octobre 2022).

NDIAYE Sara, 2017, « Le fonds d'équité au Sénégal », *Afrique et Développement*, vol. 42, n° 1 : 9-31.

NGOM Abdoulaye, 2020, *Migration clandestine sénégalaise vers l'Europe – Enjeux, déterminants et perspectives*, Paris, L'Harmattan.

NIANG Mody, 2011, *Le Clan des Wade : accaparement, mépris et vanité*, Paris, L'Harmattan.

OLIVIER DE SARDAN Jean-Pierre, BAKO-ARIFARI Nassirou et MOUMOUNI Adamou, 2007, « La corruption dans le domaine de la santé » : 225-247, dans Giorgio Blundo (dir.), *État et corruption en Afrique : une anthropologie comparative des relations entre fonctionnaires et usagers (Bénin, Niger, Sénégal)*, Paris, Karthala.

OLIVIER DE SARDAN Jean-Pierre, 2003, « Pourquoi le malade anonyme est-il si « mal traité » ? : culture bureaucratique commune et culture professionnelle de la santé » : 265-294, dans Yannick Jaffre et Jean-Pierre Olivier de Sardan (dir.). *Une médecine inhospitalière : les difficiles relations entre soignants et soignés dans cinq capitales d'Afrique de l'Ouest*, Marseille/Paris, APAD/Karthala.

PAGANINI Agostino et SÈNE Babacar, 2015, *Évaluation de Processus de la mise en œuvre de la collecte des données du RNU en 2015*, 31 p, [En ligne], URL: https://documents1.worldbank.org/curated/zh/292811517815889276/pdf/Evaluation-de-Processus-de-la-Mise-en-Oeuvre-de-la-Collecte-des-Donnees-du-RNU-en-2015.pdf (consulté le 10 juin 2022).

PALIER Bruno, 2005, « Redresser les comptes de la Sécurité sociale » : 167-210, dans Bruno Palier, *Gouverner la sécurité sociale : les réformes du système français de protection sociale depuis 1945*, Paris, Presses Universitaires de France.

PALIER Bruno et BONOLI Giuliano, 1995, « Entre Bismarck et Beveridge : «Crises» de la sécurité sociale et politique(s) », dans *Revue Française de Science Politique*, vol. 45, n° 4 : 668-699, [En ligne], URL: http://www.jstor.org/stable/43119402 (consulté le 08 juin 2022).

PAUGAM Serge, 2012, *Les formes contemporaines de la disqualification sociale*, [En ligne], URL: http://ceriscope.sciences-po.fr/pauvrete/content/part5/les-formes-contemporaines-de-la-disqualification-sociale (consulté le 05 24, 2021).

PAUGAM Serge, 2009, *La disqualification sociale : essai sur la nouvelle pauvreté*, Paris, Presses Universitaires de France.

RÉPUBLIQUE DU SÉNÉGAL, 2020, *Plan d'actions prioritaires 2 Ajusté et Accéléré (PAP 2A)*, [En ligne], URL: PAP2A_FINAL_VFINALE_14_12_WEB.pdf (finances.gouv.sn) (consulté le 08 juin 2022).

ROINSARD Nicolas, 2005, *Une sociologie des ré-affiliations : les effets sociaux du RMI à la Réunion,* Thèse de Doctorat de 3e cycle en Sociologie, Université de Nantes.

SANÉ Rocky, 2022, *Mutuelles de santé communautaires et prise en charge sanitaire des populations de la commune de Ziguinchor*, mémoire de master de sociologie, Université Assane Seck de Ziguinchor.

SENE Dominique, 2016, « Du rôle et de la responsabilité de l'État dans le développement économique et le bien-être social au Sénégal », dans *Sciences et Actions Sociales*, Vol. 5, n° 3 : 124-138, [En ligne], URL : https://doi.org/10.3917/sas.005.0124 (consulté le 07 juin 2022).

SÈNE Ismaïla et DIALLO Mamadou Aguibou, 2021, « Politiques de protection sociale et réduction de la vulnérabilité socio-économique au Sénégal : le cas du Programme National de Bourses de Sécurité Familiale à Kolda », dans *Annales Université N'djamena*, n° 13 : 62-82.

SÈNE Ismaïla, 2020, « Regard critique sur les initiatives d'insertion professionnelle des handicapés de la région de Ziguinchor (Sénégal) », dans *Sciences et Actions Sociales*, vol. 13 : 261-274.

SIMMEL Georg, 2011, *Les Pauvres*, Paris, Presses Universitaires de France.

TAVERNE Bernard, LABORDE-BALEN Gabriѐle, DIAW Khaly, GUÈYE Madjiguène, HAVE Ndeye-Ngoné, ETARD Jean-Francois et SOW Khoudia, 2021, « Does universal health coverage reduce out-of-pocket expenditures for medical consultations for people living with HIV in Senegal ? An exploratory cross-sectional study », BMJ Open, vol. 11, n°7, 8p. [En ligne], URL : https://www.ncbi.

nlm.nih.gov/pmc/articles/PMC8264868/pdf/bmjopen-2020-046579.pdf (consulté le 07 juin 2022).

THOREUX Marie, BICHARD Anne, NDIAYE Sambou, SOUZA Darana, POZARNY Pamela, 2017, *Évaluation qualitative et prospective du programme national de bourses de sécurité familiale au Sénégal : perspectives pour renforcer la résilience et les moyens de subsistance des ménages ruraux SÉNÉGAL Études de cas : régions de Fatick et Tambacounda,* FAO and IRAM, 130 p. [En ligne], URL : https://www.iram-fr.org/ouverturepdf.php?file=resilience-menages-ruraux-senegal-rapport-final-1509020027.pdf (consulté le 15 juin 2022).

5.

L'économie sénégalaise face à la Covid-19 : éléments généraux d'analyses et d'appréciation de la résilience avec un focus sur le secteur horticole

Elhadji Mounirou Ndiaye

Université Iba Der Thiam de Thiès, Sénégal
ehmndiaye@univ-thies.sn

Résumé

Cet article est d'abord une contribution à la compréhension des effets de la pandémie de la covid-19 en partant d'une revue globale de l'essentiel des incidences négatives subies par l'économie sénégalaise. Il propose ensuite une analyse de la stratégie de résilience économique et sociale en mettant en exergue les circonstances ayant contribué à embellir son bilan malgré la maigreur des ressources publiques et les anomalies d'exécution. Après avoir contracté la croissance économique et aggravé le déficit et l'endettement publics, les effets néfastes de cette pandémie sont en voie d'être surmontés sur le plan macroéconomique. Le plan de résilience adopté en avril 2020, fondu dans le Plan d'actions prioritaires 2 (PAP 2 : 2019-2023) de la deuxième phase du Plan Sénégal Émergent (PSE), a abouti au PAP 2 ajusté et accéléré (PAP 2A) adopté en décembre 2020. L'accent mis sur l'agriculture dès le début de la résilience, et décliné dans le PAP 2A sous forme de quête de souveraineté et sécurité alimentaires, fait de l'agriculture sénégalaise un exemple de résilience bien apprécié comme le montrent nos enquêtes faites en 2021 dans le secteur horticole. Le PAP 2A, fort de l'accompagnement des Partenaires Techniques et Financiers (PTF) du Sénégal que nous sommes allés interroger, est en voie de résorber le retard accusé vis-à-vis des objectifs initiaux du PSE. Cette bonne dynamique sous-tend l'objectif d'atteindre entre 2021 et 2023 une croissance économique annuelle moyenne 8,7 %, largement tirée par l'exploitation des ressources pétro-gazières.

Mots clés : Pandémie de la Covid-19, effets économiques, croissance économique, résilience.

Abstract

This article is first a contribution to the understanding of the effects of the covid-19 pandemic starting from a global review of the main negative impacts suffered by the Senegalese economy. It then offers an analysis of the economic and social resilience strategy by highlighting the circumstances that have contributed to improve its balance sheet despite the scarcity of public resources and the anomalies of the execution. After contracting economic growth and worsening the public deficit and indebtedness, the adverse effects of this pandemic are being overcome on the macroeconomic level. The resilience plan adopted in April 2020, merged into the Priority Action Plan 2 (PAP 2: 2019-2023) of the second phase of the emerging Senegal plan (PSE), has led to the adjusted and accelerated PAP 2 (PAP 2A) in December 2020. The emphasis placed on agriculture from the start of resilience, and declined in PAP 2A in the form of the quest for food sovereignty and security, makes Senegalese agriculture a well-appreciated example of resilience, as shown our surveys in the horticultural sector. PAP 2A, backed by support from technical and financial partners whom we interviewed, is in the process of making up for the delay in meeting the initial objectives of the PSE. This good economic trend justifies the objective of achieving 8.7% economic growth on average from 2021 to 2023, largely driven by the exploitation of oil and gas resources.

Keywords: Covid-19 pandemic, economic effects, economic growth, resilience.

JEL : E61, H11, H53, O13

Introduction

L'économie sénégalaise est encore vulnérable, puisqu'elle est restée tributaire des récoltes agricoles largement dépendantes de la pluviométrie. Mais après avoir été attendu à - 0,7 % du fait de la pandémie de la Covid-19, le taux de croissance économique a finalement atteint 1,9 % en 2020 du fait de la performance agricole (ANSD 2021). L'économie sénégalaise est également dépendante d'un commerce extérieur largement corrélée à des variations de change non maîtrisées, en plus d'une dépendance énergétique qui s'explique par une position d'importateurs de carburants et des combustibles utilisés pour 80 % dans la production d'électricité. De 1960 à nos jours, le taux de croissance économique du Sénégal est assez volatile, de même que le revenu par tête. Ainsi, depuis 1987, le Sénégal n'a globalement évolué que d'un niveau, passant de la catégorie des pays à faible revenu à celle des pays à revenu intermédiaire de la classe inférieure (LMIC) selon les chiffres de la Banque mondiale (2018).

Entre 2014 et 2018, le *Plan Sénégal Émergent* (PSE) a permis d'enregistrer une croissance moyenne de 6 % l'an, ayant porté le revenu par habitant à plus de 1280 dollars et ramené le taux de pauvreté de 47 % à 38 % de la population (ANSD 2018). Toutefois, la crise économique liée à la pandémie de la Covid-19 est venue en 2020 bouleverser la cadence de réalisation des objectifs du PSE. Mais malgré la dégradation des finances publiques en 2020 et le revirement noté dans les taux de croissance économique, la reprise économique pourrait être rapide si les politiques publiques sont formulées de manière à tirer le meilleur parti des atouts du Sénégal en termes de stabilité, de climat des affaires et d'opportunités de ressources publiques avec le pétrole et le gaz attendus à l'horizon 2023. Les revenus du pétrole et du gaz vont améliorer les finances publiques, ainsi que les notations des emprunts souverains du Sénégal de même que sa capacité à contracter davantage de crédits extérieurs.

À partir du plan de résilience ficelé en pleine pandémie au mois d'avril 2020, l'État du Sénégal a élaboré un programme de relance économique qui a été présenté le 29 septembre 2020. Au titre du plan de résilience, il était prévu des dépenses de 1000 milliards FCFA en faveur des arriérés sur la dette intérieure (302 milliards FCFA), de l'annulation de dettes fiscales pour les entreprises en difficulté (200 milliards FCFA), de l'appui au secteur touristique (100 milliards FCFA), d'une dotation spéciale pour la santé (64,4 milliards FCFA) et d'une assistance aux populations vulnérables (69 milliards F CFA)[10]. Le plan de relance est, quant à lui, basé sur une révision en profondeur des objectifs stratégiques du Programme d'actions prioritaires de la phase 2 du PSE (PAP 2 : 2019-2023). En décembre 2020 le PAP 2 est devenu le Plan d'actions prioritaires ajusté et accéléré (PAP 2A : 2021-2023). La souveraineté alimentaire, sanitaire et pharmaceutique, de même que la promotion d'un secteur privé fort et dynamique, constituent les options fondamentales de ce PAP 2A. Il s'agit précisément de

[10] Il s'agit des dépenses prévues dans le cadre du Fonds publics de riposte FORCE Covid-19, lancé en avril 2020.

stimuler l'investissement privé, de diversifier les moteurs de croissance et d'insister davantage sur la priorité agricole afin d'atteindre une croissance moyenne de 8,7 % sur la période 2021-2023.

Cet article est d'abord une contribution à la compréhension des effets néfastes sur l'économie sénégalaise du choc exogène que constitue la pandémie de la Covid-19. Il propose ensuite, après un adossement théorique et méthodologique, un exposé des stratégies de résilience pour enfin déboucher sur une analyse illustrée de la qualité de cette résilience, sur le plan agricole en général et horticole en particulier, basée sur des enquêtes de terrain faites en septembre 2021.

1. Approche théorique et méthodologique

Ce travail nous a valu une fouille approfondie de la littérature déjà existante sur les effets économiques de la pandémie de la Covid-19. Les analyses faites ici, notamment sur les stratégies de résilience et l'état global de l'économie qu'elles ont induit, ont été renforcées sur la base d'enquêtes de terrain que nous avions conduites pour la Commission économique pour l'Afrique sur le plan macroéconomique et pour le projet COPSA[11] dans le cadre agricole.

1.1. Objectifs, hypothèses et méthodologie de la recherche

Ce travail devra permettre de répondre aux questions suivantes : 1°) quel est l'état global de l'économie sénégalaise avant et après les impacts constatés de la Covid-19 ? 2°) quels ont été les principaux moteurs des déficits macroéconomiques le cas échéant, et de quelle manière la crise a-t-elle aggravé le déséquilibre budgétaire ? 3°) Quelles mesures l'État du Sénégal a-t-il prises pour atténuer les impacts de la Covid-19 sur son économie et ses aspirations financières ? 4°) Quelles appréciations faut-il faire des stratégies de résilience et de relance économique ?

L'objectif général de ce travail de recherche est d'exposer les effets négatifs de la pandémie de la Covid-19 sur l'économie sénégalaise et d'analyser la situation du pays à l'aune des stratégies de résilience dévoilées depuis le début de la pandémie. En termes spécifiques, il s'agit de :

[11] Le projet COPSA porte sur « Riposte à la COVID-19 par la protection sociale et le renforcement des systèmes alimentaires locaux : le cas des Niayes au Sénégal ».

– Montrer que l'embellie macroéconomique amorcée avec le *Plan Sénégal Émergent* (PSE) à partir de 2015 a été momentanément perturbée par la pandémie de la Covid-19.

– Mettre en évidence les incidences négatives causées par cette pandémie à l'économie sénégalaise à partir du mois de mars 2020.

– Exposer les stratégies de résilience et les rétroactions sur les choix politiques, et montrer qu'elles ont jusque-là permis au Sénégal d'éviter les grands écarts par rapport aux nouveaux objectifs de la politique macroéconomique escomptés dans le PAP 2.

– Montrer que la résilience au plan individuel, appuyée par celle du Gouvernement sénégalais, ont produit des résultats satisfaisants notamment sur le plan agricole.

Ce travail repose ainsi sur deux hypothèses fondamentales :

1°) La pandémie a eu des impacts très négatifs sur l'économie sénégalaise, notamment en retardant l'atteinte des objectifs de la politique économique véhiculée dans le PSE.

2°) La résilience économique s'est globalement bien tenue sur le plan macroéconomique et a elle a été bien appréciée sur le plan agricole en général, et horticole en particulier.

Sur le plan méthodologique, ce travail repose d'abord sur une recherche documentaire couvrant tous les aspects liés au cas sénégalais, notamment les publications des *Partenaires Techniques et Financiers* (PTF) et des structures publiques telles que l'*Agence nationale de la statistique et la démographie* (ANSD), la Direction générale de la planification et des politiques économiques (DGPPE) et la Direction de la prévision et des études économiques (Dpee). Il faut reconnaître qu'il a été difficile de trouver des données fiables sur l'impact économique d'une pandémie dont on ne maîtrisait pas encore les perspectives d'évolution au moment des investigations. Il a été tout aussi délicat pour les États de faire une prospective exacte par rapport aux actions de résilience dont il était encore difficile de définir l'horizon. Toutefois, il existe des recherches ayant retenu des hypothèses prudentes, à l'image des travaux lancés en avril 2020 par l'African Economic Research Consortium (AERC) qui, en partenariat avec l'Université Cornell aux États-Unis, a fait des études d'impact au Ghana, en Éthiopie, au Kenya et au Sénégal. La CEDEAO a aussi réalisé une étude d'impact des mesures de restriction dans ses pays membres en collaboration avec le

Centre d'Excellence Régional contre la faim et la Malnutrition (CERFAM), World Food Program et United Nations Economic Commission For Africa.

Notre travail repose également sur des entretiens opérés, durant le mois de décembre 2020, avec le Directeur général de la planification et des politiques économiques du Sénégal, avec quatre représentants d'organismes multilatéraux ainsi qu'avec deux chercheurs ayant travaillé sur cette thématique des impacts de la pandémie de la Covid-19 (voir tableau mis en annexe).

Pour évaluer la qualité de la résilience nous avons pris les données obtenues dans le cadre des enquêtes de terrain à propos du renforcement des systèmes alimentaires locaux dans les Niayes, suivant une approche adaptative vis-à-vis des effets négatifs de la Covid-19. D'autres enquêtes avaient déjà été réalisées au début de la pandémie, avant les nôtres, qui ont été faites en septembre 2021 pour le compte du projet COPSA. Nous avons ainsi fait des investigations auprès des grands distributeurs de produits horticoles et fouillé dans les circuits d'approvisionnement, en allant interroger 153 transporteurs et commerçants des grands marchés de Dakar que sont :

- Marché de Rufisque, dans la région de Dakar ;
- Marché de Thiaroye, Banlieue dakaroise ;
- Marché Gueule Tapée, banlieue dakaroise entre Parcelles assainies et cité Fadia ;
- Marché Castors, situé à quelques kilomètres du centre-ville de Dakar ;
- Marché Tilène, situé au quartier Médina, vers le Centre-ville de Dakar.

Le tableau 1 expose les informations sur les marchés visités, le nombre de commerçants et de transporteurs interrogés et l'approche d'enquêtes qui a été utilisée. Il importe de souligner que dans chaque marché il a été interrogé beaucoup plus de commerçants que de transporteurs.

Tableau 1 : Échantillonnage (commerçants et transporteurs interrogés) et approche d'enquête

Marchés	Échantillon	Approche	Type de contact
Marché Castor	30	Présentielle	Terrain
Marché Thiaroye	30	Présentielle	Terrain
Marché Gueule Tapée	28	Présentielle	Terrain
Marché Tilène	31	Présentielle	Terrain
Marché Rufisque	34	Présentielle	Terrain
Total des commerçants et transporteurs interrogés			**153**

En complément à ces enquêtes, nous avons réalisé durant le mois de septembre 2021 des entretiens semi-directifs avec 6 responsables de magasins, notamment Auchan Yoff et Thiès, Supeco El Mansour, Carrefour Market Piscine Olympique, Carrefour Thiès et Exclusive VDN.

1.2. L'économie sénégalaise face à la Covid-19 : une revue théorique et empirique

En 2020, le PIB nominal était attendu à 15 086 milliards de FCFA, soit une croissance de 6,8 %, le déficit public devait s'aligner au plafond de 3 % de l'Union économique et monétaire ouest-africaine (UEMOA) et la dette devait être autour de 54 % (ANSD 2021). M. Kassé (2021) souligne ainsi qu'au début de la crise sanitaire, l'économie sénégalaise allait mieux, puisque certains indicateurs macroéconomiques sont robustes, d'autres s'améliorent et les déficits se réduisent. La résilience sociale était en nette amélioration suivant l'exécution du PSE.

Dans les axes du PSE la réduction de la pauvreté et des inégalités est systématiquement subordonnée à la réalisation des Objectifs de développement durable (ODD). Dans le rapport volontaire du ministère de l'Économie publié en 2018, une évaluation de l'articulation entre les axes stratégiques du PSE et les ODD a été faite à travers une méthode de notation (*scoring*) des lignes d'actions et des cibles des ODD selon les liens spécifiques existant ou non entre eux. Globalement sur le plan des politiques sectorielles et multisectorielles, le Sénégal couvrait déjà près de 77 % des cibles ODD de façon concrète dans la mise en œuvre du PSE (Ndiaye E. M. 2021). D'un point de vue général, 81 % des ODD sont bien pris en compte dans le PSE. Il reste à renforcer la prise en compte des autres ODD que le Sénégal n'a pas encore bien déclinés dans ses programmes publics notamment les ODD 12 et 15. Mais avec un indice de Gini supérieur à 40, les inégalités restent encore très prononcées dans le pays avant l'avènement de la pandémie de la Covid-19. Ces inégalités sont beaucoup plus profondes en milieu rural qui regorge de 52,2 % de la population selon les chiffres de l'ANSD (2020). Une étude réalisée en 2019 dans le bassin arachidier indique un coefficient de Gini égale à 44 (légèrement supérieur à celui de tout le Sénégal qui était de 40 en 2011) (N. F. Faye *et al.*, 2019).

Toutefois avec un taux de croissance de 1,9 %, un déficit budgétaire de plus de 6,2 % et un endettement de plus de 67 % du PIB en 2020, le choc encaissé du fait de la pandémie de la Covid-19 a basculé l'économie sénégalaise dans une mauvaise pente qui a réduit ses capacités de se rattraper dans le court et moyen termes, vis-à-vis de son calendrier initial d'émergence (BCEAO 2020 ; FMI 2022). Outre la contraction du PIB réel, l'impact négatif de la pandémie s'est traduit en 2020 par une baisse de 320 milliards de FCFA des recettes intérieures, du fait notamment de la contraction des droits de douane. Le déficit budgétaire s'est creusé et l'encours de la dette publique a dépassé le plafond communautaire (70 % du PIB) en 2022.

Graphique 1 : Déficit budgétaire et dette publique de 2016 à 2022 du Sénégal

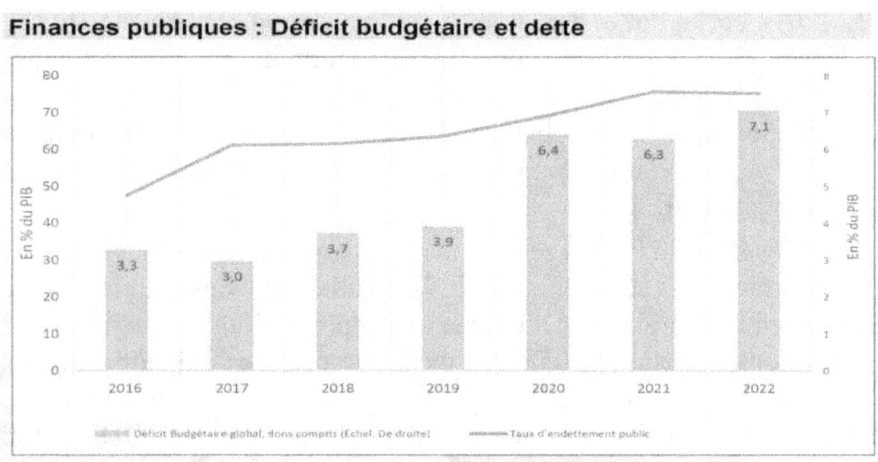

Source : FMI, Avril 2022 et BCEAO

La pauvreté et les inégalités ont été tout de même aggravées par la pandémie de la Covid-19. C'est ce que montre l'étude réalisée en juillet 2020 par l'African Economic Research Consortium (AERC) dans les cas du Sénégal, du Ghana, de l'Éthiopie et du Kenya (A. Seck 2020). Pour le Sénégal cette étude part de l'hypothèse que les pertes de revenus n'affectent pas la sphère publique, les cadres des grandes industries et les agriculteurs d'autoconsommation. Et sur toutes les autres activités agricoles, les services personnels, le transport terrestre et la construction, l'étude a montré que le confinement a causé 681 milliards FCFA de pertes de revenus, soit 4,9 % du PIB mensuel et que cela concerne 12 756 369 Sénégalais (soit 4 Sénégalais sur 5). Cette situation a conduit à une hausse de la pauvreté de 16,9 points, avec 2 672 200 Sénégalais qui ont basculé dans la pauvreté. L'étude estime en même temps que la crise est responsable d'une précarité accrue pour 8,8 % de la population déjà pauvre, soit 235 153 individus. Dès lors, dans le cadre du budget mobilisé pour la résilience économique et sociale (PRES), l'État devait, selon cette étude, transférer aux personnes impactées 43 200 FCFA par mois pendant quatre mois pour retrouver le niveau de pauvreté d'avant Covid-19, soit 38 %[12].

Par ailleurs, les enquêtes menées au Sénégal de mi-avril à mi-juin 2020 par K. Van Hoyweghen, A. Fabry, H. Feyaerts, I. Wade et M. Maertens ont permis de collecter des données auprès de 158 consommateurs, 102 petits agriculteurs, 51 travailleurs, 80 commerçants, 10 entreprises agro-industrielles et 20 importateurs. Ces enquêtes primaires ont été faites auprès des acteurs concernés de la chaîne d'approvisionnement des fruits et légumes frais (FLF) au Sénégal, y compris les travailleurs agricoles et agro-industriels, les petits exploitants agricoles, les commerçants (bana-banas[13] et petits et grands grossistes), les petites et grandes entreprises agro-industrielles, importateurs et consommateurs. Les données ont été recueillies à l'aide d'entretiens téléphoniques et de questionnaires auto-administrés en ligne. Certains entretiens avec les consommateurs ont également été menés en ligne,

[12] Le fonds Force COVID -9 mobilisé par l'État est limité dans le temps (1000 milliards FCFA) et son effet ne peut être délivrant que si la pandémie s'arrête au bout des quatre mois à compter du mois d'avril 2020. L'État ne dispose que d'un potentiel de 48,6 milliards FCFA par mois pendant ces quatre mois et si la pandémie s'aggrave ou dure encore, la situation devient de moins en moins contrôlable pour les finances publiques.

[13] Mot wolof (langue sénégalaise) qui fait allusion aux petits intermédiaires commerciaux).

sur une base volontaire par les répondants eux-mêmes à l'aide du logiciel Qualtrics.

Ces enquêtes ont mis en évidence les effets des restrictions commerciales et des déplacements et elles ont permis de jauger la situation durant les périodes suivantes. Ainsi, plus de 10 % des Sénégalais ont consommé moins de repas que d'habitude par jour, à compter du début de la pandémie. Et la probabilité des petits agriculteurs de vendre leurs produits sur les marchés de proximité avait diminué de 58 % en milieu rural et de 30 % en milieu urbain.

Il importe de noter que le tourisme et la pêche ont subi le plus grand choc des perturbations et des autres restrictions d'activités survenues à partir de mars 2020 et dans les premiers mois de 2021. La situation du tourisme s'est ainsi profondément aggravée puisque, comme le constate M. Kassé (2021), le sous-secteur du Tourisme est déjà dans un criard retard pour de multiples causes, notamment l'absence de spécification des produits, la méconnaissance de la demande touristique et l'inefficience de la politique de promotion sur les grands marchés émetteurs. Concernant la pêche, R. Ka (2021) note que le virus s'était introduit au Sénégal en pleine campagne notamment les périodes dites *Noor* (janvier-mars) et *Thiorone* (avril-juin).

Mais les impacts très négatifs redoutés sur le plan agricole ne se sont pas finalement produits. Cette situation favorable sur le plan agricole est liée à sa forte composante en exploitations familiales (90 %), à la créativité exceptionnelle, la souplesse, la frugalité et la capacité de résistance et de rebond propres à la forme d'économie immédiate (informelle ou de proximité) qui caractérisent les économies africaines en général et l'économie sénégalaise en particulier. C'est ce que A. Dione *et al.* (2021) ont souligné en évoquant les liens avec les milieux sociaux et d'appartenance et la construction des boucles locales qui donnent sa consistance et sa force à cette économie immédiate (ou de proximité).

M. Lo et A. Sy (2021) soulignent que la crise de la Covid-19 et ses impacts interrogent la capacité de l'État à dérouler ses actions en vue de la réalisation de ses objectifs du fait des fortes incertitudes qui pèsent sur sa capacité à mobiliser les ressources internes et externes nécessaires. Selon A. Dione *et al.* (2021) la Covid-19 a surpris nos institutions et a mis à nu leur faiblesse ainsi que le hiatus qui existe entre leurs langages, leurs méthodes d'analyse et de mesure et les dynamiques économiques et sociales à l'œuvre dans les espaces nationaux et régionaux. Pour I. Hathie (2021) la pandémie pourrait constituer une fenêtre d'opportunités, un véritable point d'inflexion, si des actions idoines sont engagées dès maintenant sur la base des innombrables leçons à tirer sur le plan agricole. Ce contexte de crise dans lequel des mesures radicales de restrictions économiques ont été prises, montre à quel point il est nécessaire pour un État de pouvoir compter sur lui-même sur les plans agricole et économique (E. M. Ndiaye 2021). Et cette prise de conscience traduite dans l'action de résilience a permis de limiter les dégâts comme on peut le constater dans le cas du Sénégal.

Ce contexte a aussi donné des indices supplémentaires qui montrent et confirment la faiblesse et la vulnérabilité des dispositifs de commercialisation et de mise en marché des produits agricoles, et notamment horticoles au Sénégal. I. Hathie (2021) considère que la question alimentaire interpelle l'État, les organisations professionnelles agricoles, le secteur privé et les citoyens, et sa résolution requiert un repositionnement de notre agriculture, en mettant la priorité sur le marché intérieur. Cependant, la résilience a eu des effets insuffisants mais elle a été plus ou moins bien perçue notamment dans le secteur agricole. Le cas du secteur horticole, abordé en dernière partie de ce travail, est très édifiant sur le fort potentiel agricole sénégalais, rien qu'en constatant la force de résilience qui y a été décelée depuis le début de la pandémie.

2. Enjeux et perspectives de la stratégie de résilience

L'usage de la notion de résilience dans les publications scientifiques a explosé dans les années 1990. Il s'agit d'un concept polysémique qui désigne globalement les capacités d'adaptation et de transformation d'un *système* face à des chocs externes selon V. Ancey *et al.* (2017). Dans le cas spécifique du Sénégal les adaptations et les transformations attendues des stratégies de résilience ont nécessité d'importantes rétroactions stratégiques sur les choix politiques. Le secteur horticole est un champ important d'observation des effets néfastes de la pandémie et des mécanismes qui ont permis d'endiguer la crise jusqu'ici.

2.1. Covid-19 et enjeux des rétroactions stratégiques dans les choix politiques

Les dépenses publiques ont évolué en moyenne de 9 % par an de 2015 à 2020. De 3970 milliards FCFA en 2021, les dépenses publiques devraient atteindre, hors pétrole et gaz, 4327 milliards FCFA en 2022 et 4716 milliards FCFA en 2023 (E. M. Ndiaye *et al.* 2020). L'augmentation des recettes budgétaires qui sont passées de 2900 milliards en 2019 à plus de 3500 milliards en 2020, s'explique par l'augmentation substantielle des dons, accordés par les partenaires du Sénégal en faveur de la résilience, qui ont atteint 455 milliards de FCFA en 2020 (DPEE 2020). Ces ordres de grandeur montrent tout de même que les dépenses de résilience ont globalement aggravé le déficit budgétaire qui s'est établi à 860 milliards de FCFA, soit 6,2 % du PIB à fin 2020, contre 537,5 milliards de FCFA (3,9 % du PIB) en 2019. Ces revirements multiples notés dans le taux de croissance économique et dans les autres agrégats macroéconomiques, de même que les enseignements tirés en faveur de la souveraineté économique, ont mené à une profonde révision des principaux axes du PAP 2 (2019-2023) qui devait amorcer la phase 2 du PSE.

Suivant l'objectif central de transformation structurelle de l'économie sénégalaise, le PAP 2A (2021-2023) propose une adaptation du PAP 2 vis-à-vis des effets négatifs de la pandémie de la Covid-19. Au-delà du capital humain qui reste une grande priorité, l'objectif global du PAP 2A est articulé autour d'une valorisation plus vigoureuse du potentiel de développement endogène du Sénégal. Quatre autres axes fondamentaux sont mis en exergue, notamment la sécurité et la souveraineté alimentaires, l'industrie pharmaceutique, la révolution numérique et la promotion du secteur privé national (PAP 2A 2020). Le PAP 2A requiert des financements estimés à plus de 14 700 milliards FCFA, dont près de 5000 milliards attendus du secteur privé.

Durant le mois de décembre 2020, nous sommes allés interroger les représentants des principaux *Partenaires Techniques et Financiers* (PTF) du Sénégal, le Directeur général de la planification et des politiques économiques ainsi que deux économistes de l'université Cheikh Anta Diop de Dakar (tableau en annexe). La question fondamentale posée dans ces entretiens porte sur la teneur, le contenu et les stratégies de résilience et de financements externes qui devraient être développés dans le plan de relance de l'économie. Il ressort des entretiens avec les PTF :

- L'Union Européenne (UE) propose un accompagnement renouvelé sous conditions de transparence accrue en termes de bonne gouvernance.

- Le Fonds monétaire international (Fmi) entend faire les ajustements nécessaires pour résorber les retards, amoindrir les risques sur les financements et contribuer au maintien du calendrier d'émergence à l'horizon 2035.

- Des niches de prêts concessionnels existent encore à la Banque Africaine de Développement (BAD) et à la Banque mondiale. Il existe également un fort potentiel de financements encore inexploités à la Bourse régionale des valeurs mobilières (Brvm).

Le tableau 2 résume les principaux autres enseignements tirés des entretiens avec le directeur général de la planification et des politiques économiques et les PTF du Sénégal.

Tableau 2: Principaux autres enseignements tirés des entretiens avec les PTF

Partenaires	**Principaux enseignements**
Union Européenne (UE)	L'apport de l'UE est d'ordre technique, puisqu'il sert des objectifs de surveillance des processus décisionnels, de transparence et de bonne gouvernance. L'UE n'octroie pas de crédits au Sénégal, mais elle lui accorde un appui financier sous forme de dons selon la conjoncture économique, conditionnés par un certain nombre de critères centrés sur la qualité des options de gouvernance politique et économique.
Fonds monétaire international (FMI)	En fin 2019 le Fmi a conclu avec le Sénégal un accord d'appui technique de trois ans au titre de l'Instrument de coordination des politiques économiques (ICPE) pour accompagner la phase 2 du PSE. Avec la Covid-19, le Fmi entend soutenir le PAP 2A, aider à ramener le déficit public à 3 % du PIB en 2023 et contribuer à passer d'une croissance tirée par les investissements publics (phase 1 du PSE : 2014-2018) à une croissance tirée par les investissements privés. L'accompagnement dans la rénovation du cadre institutionnel a déjà mené à la définition de la nouvelle loi sur les partenariats public/privé (PPP) qui a été promulguée en avril 2021.

Banque Africaine de Développement (BAD) et Banque mondiale (BM)	La dette multilatérale du Sénégal est accordée à 57 % par la Banque mondiale et à 20 % par la BAD. Avec un revenu per capita inférieur à 1925 USD en 2019, le Sénégal reste éligible à l'association internationale de développement (IDA[14]) de la Banque mondiale et au Fonds Africain de Développement de la BAD, où il peut encore bénéficier de prêts concessionnels. La Banque mondiale est prête dans les limites qu'elle juge possibles à lui accorder encore des prêts concessionnels. L'IDA a débloqué 100 millions USD (50 % de dons et 50 % de crédits) en 2020 pour appuyer la résilience économique des États.
Bourse régionale des valeurs mobilières (BRVM)	Le Sénégal a fait d'importantes émissions d'eurobonds en 2017-2018 qui ont porté la part de sa dette commerciale sur sa dette extérieure, de 20 % en 2014 à 39 % en 2018. Les eurobonds constituent 95 % de sa dette commerciale extérieure au 31 décembre 2018. Les charges financières élevées de cette dette commerciale dépeint négativement sur les finances publiques. En 2020 elles ont atteint 366 milliards FCFA (soit un milliard FCFA par jour). Les marges d'endettement sur ces marchés obligataires sont limitées mais la Brvm est un atout majeur à valoriser pour la mobilisation de l'épargne domestique.

[14] International Development Association (IDA).

Graphique 2 : Prospective tirée de la pandémie de la Covid-19 (**source** : auteur)

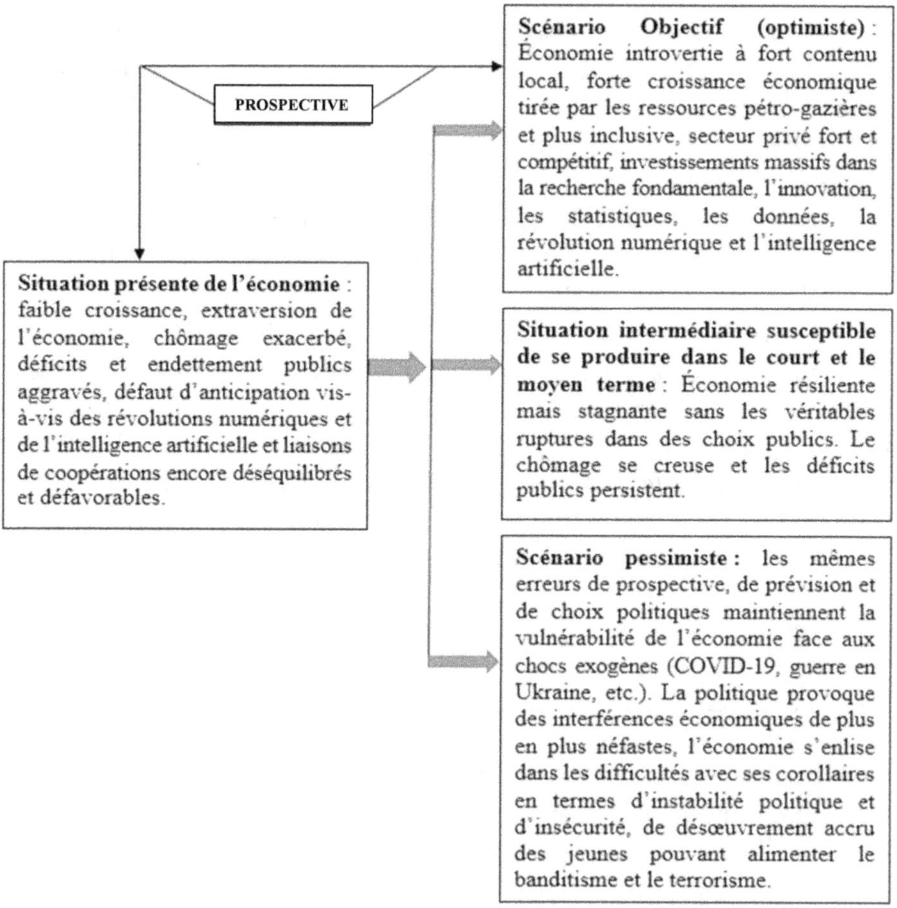

2.2. Résultats des investigations dans le secteur horticole[15]

La pandémie a drastiquement réduit les débouchés de la production agricole locale, puisque les interdictions frappant les grands rassemblements, amorcées en mars 2021, ont été maintenues jusqu'en fin novembre 2021 notamment chez la communauté Tidjane[16]. La consommation de pomme de terre, d'oignon, de tomate et d'autres

[15] Tous les graphiques ont été construits sur la base de nos résultats d'enquêtes de terrain.

[16] Grande Communauté du Soufisme dont le Khalife réside à Tivaouane (environ à 100 km au Nord-est de Dakar). La principale cérémonie (Mawlid) marquant la naissance du prophète de l'islam Mouhammad (PSL) n'a pas pu se tenir à Tivaouone en 2020 et en 2021. Elle a repris le 08 octobre 2022.

produits était réellement en deçà de ce qu'elle était avant 2020. Les problèmes des filières horticoles, déjà lancinants avant 2020, ont dès lors été considérablement aggravés par les effets négatifs de la pandémie de la Covid-19. Les enquêtes de K. Van Hoyweghen *et al.*, (2020)[17] ont montré que les restrictions causées par la pandémie avaient changé les régimes alimentaires des Sénégalais : 42 % ont réduit leur consommation de légumes et 47 % leur consommation de fruits, dont 14 % qui ont déclaré avoir réduit leur consommation de fruits dans une large mesure. La probabilité, pour les consommateurs de trouver des fruits et légumes sur les marchés locaux, s'était également dégradée de 10 % à compter du moment du début de l'état d'urgence en 2020.

Les difficultés d'écoulement de la production horticole, notamment l'oignon, la pomme de terre et la tomate, ont été même exacerbées durant les premiers mois de l'année 2021. Lors des échanges que nous avons diligentés en octobre 2021 à Thiès sous l'égide de l'*Initiative Prospective Agricole et Rurale* (IPAR) avec le Collège des producteurs d'oignon, les producteurs ont globalement déclaré avoir perdu plus de 47 % de leurs récoltes. Le bradage a été excessif sur toutes ces spéculations, avec un impact très profond sur le revenu agricole, et un risque accru d'abandon de l'activité au profit des agrobusiness. Ainsi, 80 % des petits exploitants horticoles ont déclaré une augmentation des pertes post-récolte depuis le début de l'état d'urgence. Ces pertes ont été accentuées par le manque de capacité de stockage et de conservation. Les mesures de restriction sur le transport et le commerce ont généré d'autres perturbations et des retards qui se sont traduits par des pertes dans les lieux d'exploitation.

Nos enquêtes ont été effectuées auprès de 153 commerçants des grands marchés de Dakar (Castor, Thiaroye, Gueule Tapée, Tilène et Rufisque) et nous avons aussi fait des investigations auprès de 5 gestionnaires de grandes surfaces (Auchan, Supeco et Carrefour Market). Ces enquêtes ont montré que sur les 82,5 % de commerçants ayant accès aux capacités de stockage, 36 % d'entre eux ont signalé une augmentation des pertes. La majeure partie des petits producteurs de fruits et légumes indiquent avoir réduit la taille de leurs exploitations de 50 à 75 %, en raison de la crise. Dans les mois qui ont suivi la déclaration de l'État d'urgence, seuls 15 % des agriculteurs ont effectivement commencé une nouvelle production maraîchère alors que, lors de la campagne agricole précédente, 83 % des agriculteurs

[17] Ces enquêtes se sont déroulées de mi-avril à mi-juin 2020.

avaient déroulé leurs activités. Ces agriculteurs ont exploité en moyenne sur 0,59 ha, en précisant qu'ils auraient utilisé en moyenne 1,1 ha dans des circonstances normales. Une grande réticence a été notée sur la campagne suivante. Seuls 40 % des agriculteurs avaient l'intention de s'engager dans les cultures pour la saison suivante, avec une superficie moyenne prévue de 0,65 ha seulement.

Globalement 82 % des petits exploitants indiquent que l'État d'urgence a aggravé leurs problèmes d'accès aux intrants, principalement en raison des restrictions sur les transports (90,5 %), des fermetures de magasins (45,2 %), de la faible disponibilité des vendeurs (15,5 %) ou d'une augmentation des prix des intrants (10,7 %). Les grandes pertes et l'insuffisance des moyens pour acheter les intrants constituent, pour 50 % des cultivateurs de fruits et légumes, un potentiel motif d'abandon de l'exploitation pour la campagne suivante. Le graphique 3 ci-dessous donne la réponse à la question de savoir si les quantités de produits en provenance des Niayes, réceptionnées à cette période de l'année, ont fluctué ou pas (jusqu'en fin septembre 2021). Il montre que les fluctuations sont plus faibles au niveau des marchés Castor et Thiaroye.

Graphique 3 : Fluctuation des produits en provenance des Niayes

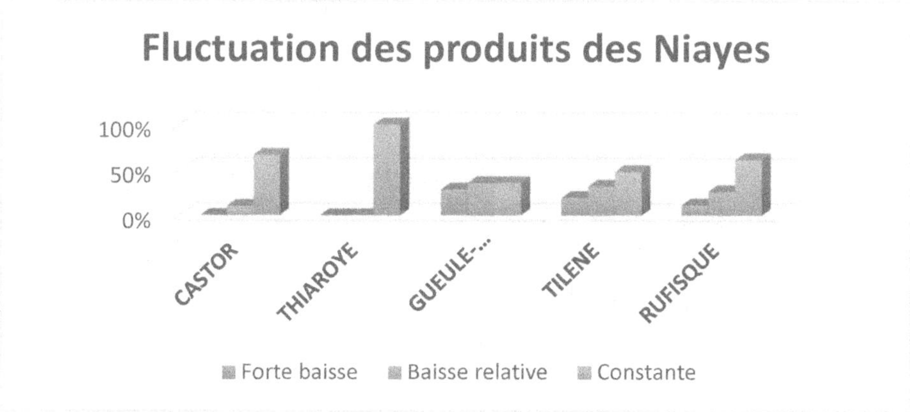

Il faut ajouter qu'au marché Castor 23,33 % des commerçants interrogés ont déclaré une hausse relative des quantités réceptionnées sur la période considérée. Cette hausse est probablement liée aux capacités de stock de Senegindia (Agrobusiness) à Diamniadio et aux autres magasins réquisitionnés dans cette localité par l'État, sur demande de l'Agence de régulation des marchés (Arm) adressée le 2 avril 2020. Excepté le marché de Thiaroye qui a une plus grande proximité avec les Niayes, la Covid-19 a eu un réel impact sur les quantités, avec une baisse chez près de la moitié des personnes interrogées et sur les prix avec une hausse constatée par près du tiers des commerçants interrogés. Il faut remarquer qu'en général la hausse des prix n'est pas ressentie chez l'écrasante majorité des commerçants.

Ces derniers n'ont pas changé leurs systèmes d'approvisionnement et seuls 5 commerçants, parmi les 153 acteurs enquêtés, avaient momentanément arrêté leurs activités. Environ 56 % des commerçants enquêtés ont déclaré n'avoir pas eu de difficultés d'approvisionnement. Mais plus de 22 % des commerçants interrogés redoutent des difficultés d'approvisionnement dans le court terme et ils sont 40 % à redouter ces difficultés dans le long terme. Ces enquêtes montrent également que 75 % des commerçants interrogés à Gueule Tapée, Tilène et Rufisque ont changé de fournisseurs de leurs principaux produits, contrairement à ceux de Castor et Thiaroye. De plus, 36 % des commerçants ont signalé des baisses de quantité et 21 % ont constaté une hausse des prix. Les commerçants ont en effet dû adopter des stratégies d'adaptation appropriées qui ont eu des effets positifs. La même observation a été faite dans la filière mangue (IPAR 2021).

Graphique 4 : Politiques ou mesures prises par les commerçants

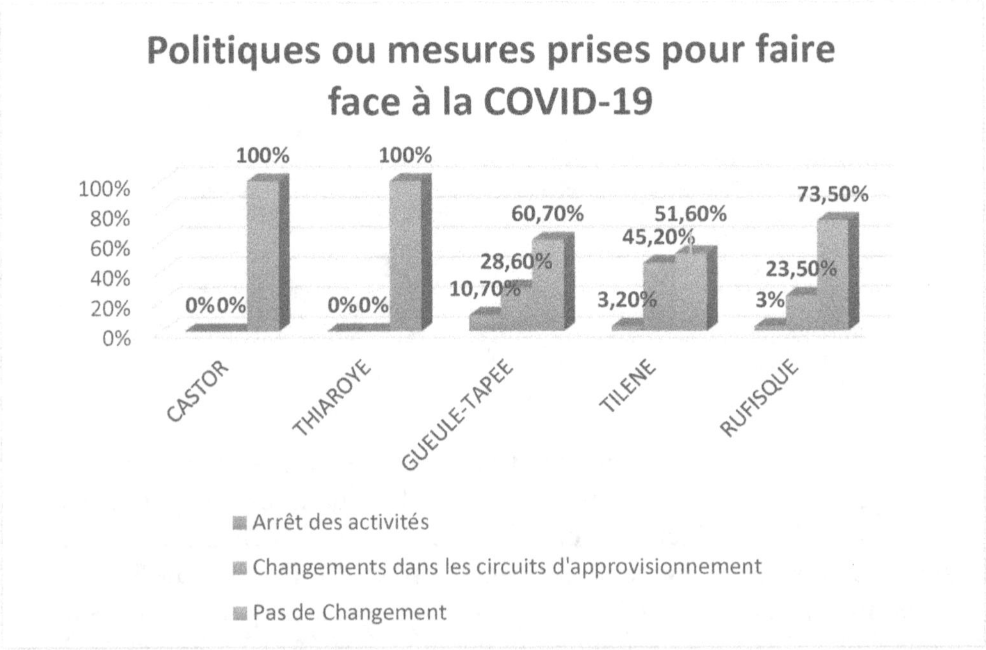

Cependant, les chaînes d'approvisionnement des marchés en termes de produits horticoles n'ont globalement pas souffert de problèmes

majeurs dus à la Covid-19. Les problèmes du secteur sont récurrents bien avant 2020 et ceux causés par la pandémie n'ont pas été insurmontables. De prime abord les mesures prises par le Gouvernement sénégalais dès le début de la pandémie ont été salutaires. À l'entame des mesures de restriction en mars 2020, les organisations de producteurs avaient proposé à l'État d'acheter toute la production de légumes dans le cadre de l'aide alimentaire d'urgence accordée aux populations vulnérables, fixée à 69 milliards FCFA dans le *Fonds de résilience aux effets de la Covid-19* (FORCE Covid-19). Le 2 avril 2020, l'Agence de régulation des marchés (ARM) avait adressé une lettre au ministère en charge de la solidarité pour suggérer l'intégration de l'oignon et de la pomme de terre dans le kit alimentaire que l'État allait distribuer aux ménages. L'ARM a aussi adopté d'autres assouplissements commerciaux qui ont contribué significativement à la réduction des pertes de récoltes et du bradage. C'est ainsi que certaines infrastructures de commercialisation en construction à Diamniadio ont été réquisitionnées et équipées d'urgence par l'État pour anticiper sur le stockage et la conservation. Cette grande campagne d'assistance a été complétée par d'autres options stratégiques diligentées par l'Arm qui ont permis d'endiguer les problèmes de transport et d'écoulement des produits locaux, notamment la possibilité donnée aux producteurs (et/ou commerçants) de stocker et aux organisations de producteurs d'acheter auprès de leurs membres et de stocker. Le secteur agricole en général et horticole en particulier a enclenché son processus de réajustement en 2021 et les perturbations se sont pratiquement toutes estompées durant l'année 2022. Mais les problèmes habituels du secteur subsistent et restent entiers.

Par ailleurs, les chaînes d'approvisionnement ne sont pas encore en état d'absorber à temps les importantes quantités de produits horticoles dont la plupart est très périssable et nécessite un stockage et une conservation qui ne sont généralement pas à la portée des petits producteurs. La grande distribution est, malgré les efforts d'encadrement de l'État sénégalais (Loi sur le contenu local et décret pour la grande distribution), dans une configuration qui favorise les agrobusiness qui sont détenteurs d'une logistique mieux adaptée aux contraintes de quantité, de qualité et de régularité de l'approvisionnement attachées à l'accès aux rayons des grands distributeurs. Dans les normes, les agrobusiness ont, suivant les circulaires de l'Arm, un accès limité au marché local, mais ces mesures de régulation ne sont généralement pas respectées.

Conclusion

Suivant les objectifs et les actions programmées dans le cadre du PSE, le Fmi avait prévu un revenu par habitant supérieur à 5000 USD à l'horizon 2035 sous condition d'une croissance moyenne annuelle de 7 % et d'une croissance démographique annelle moyenne de 3 %. Mais avec le revirement de croissance constaté en 2020 (1,9 %) et 2021 (5,2 %), la pandémie de la Covid-19 est venue mettre un bémol à ces prévisions, après une moyenne de croissance de 6 % l'an environ obtenue dans la phase 1 du PSE (PAP 2014-2018). Mais le programme initial de résilience économique et sociale qui prévoyait d'injecter 1000 milliards FCFA a permis de mettre la situation sous contrôle dès les premiers mois de restriction à compter d'avril 2020. Des signes d'essoufflement des capacités publiques de résilience sont certes apparus dès le mois de janvier 2021, mais les rétroactions dans les choix politiques de l'État contenus dans le plan de relance adopté à partir de septembre 2020 ont insufflé une bonne dynamique facilitée par l'arrêt des restrictions économiques dès le milieu de l'année 2021. La déclinaison des objectifs de résilience et de relance économiques dans le PAP 2 a mené en décembre 2020 à l'élaboration du PAP 2A qui est davantage focalisé sur le développement endogène et sur la résorption des retards vis-à-vis des objectifs du PSE, à travers des ajustements et une volonté d'accélération de la croissance économique qui dépendent de la mobilisation des ressources publiques.

D'ailleurs, la principale recommandation notée dans nos entretiens avec les PTF, c'est de compter sur l'amélioration des ressources propres à travers les marges d'imposition exploitables dans le secteur informel et vis-à-vis du minimum communautaire de pression fiscale dans l'UEMOA (20 % alors que le Sénégal est à 17,5 %). Le Gouvernement du Sénégal a ainsi introduit une Stratégie de recettes à moyen terme (SRMT) qui vise à améliorer vigoureusement les ressources internes de l'État dans le court terme. Le défi immédiat est l'élargissement de l'assiette fiscale, le contrôle et la protection du secteur informel qui supporte l'emploi à plus de 95 % selon l'ANSD (2018). La croissance à deux chiffres attendue à l'horizon 2023 (compte tenu des recettes pétrolières et gazières), conjuguée à la baisse démographique[18], va contribuer à améliorer les ressources propres de l'État, à tirer à la hausse le revenu par habitant et à maintenir le Sénégal dans le groupe des pays

[18] Le taux de croissance démographique est passé de 3 % en 2015 à 2,7 % en 2020 selon les statistiques de l'ONU.

à revenus intermédiaires de la tranche inférieure (Low and Middle Income Countries, LMIC).

Sur le plan sectoriel, M. Kassé (2021) a soulevé, en plus de la vulnérabilité du secteur touristique, deux autres volets à problèmes auxquels l'État doit accorder le plus d'attention dans le processus de résilience en cours. Il s'agit, d'un côté, du sous-secteur commercial qui tombe sous le contrôle des supermarchés français, et de l'autre le commerce import-export qui contribue à creuser le déficit de la balance commerciale. L'agriculture est, quant à elle, un exemple de résilience assez bien appréciée, sous l'effet conjugué des efforts du Gouvernement et des réactions des agriculteurs et des commerçants eux-mêmes tel que le montrent nos enquêtes auprès de 153 commerçants et transporteurs de la région de Dakar en septembre 2021. Les commerçants interrogés soutiennent, néanmoins, qu'il devient de plus en plus coûteux et contraignant de commercialiser les produits horticoles locaux. Ils risquent de s'adonner davantage à la commercialisation des produits des agrobusiness et des substituts importés, avec tout le lot de préjudices que cela va causer aux petits producteurs locaux. C'est une question d'ordre social, dès lors que ces petites exploitations horticoles sont de type familial pour environ 90 % des cas et elles sont ainsi la seule source de revenus pour l'écrasante majorité des ménages agricoles du Sénégal. Par conséquent, un système alimentaire inclusif et équitable, basé sur la protection des exploitations familiales, tel est le leitmotiv qui doit guider le nouveau plan d'actions que le Gouvernement est en train de mettre en œuvre dans le cadre du PAP 2A.

Il importe enfin de remarquer que les revenus pétro-gaziers comptent pour une grande partie dans l'accélération des processus de relance économique et dans la résorption des retards vis-à-vis des objectifs de croissance et de revenu par tête du PSE. Les prévisions de croissance économique (8,7 % en moyenne de 2021 à 2023), mentionnées dans le PAP 2A découlent en bonne partie de ces attentes de revenus pétroliers et gaziers. Mais il doit s'interpeller sur la manière optimale de tirer le meilleur parti de ces ressources naturelles. Selon A. Ndiaye et M. Ba (2021), on peut penser l'exploitation du pétrole et du gaz en dehors du principe de maximisation de l'économie orthodoxe. Pour envisager l'efficacité du modèle d'exploitation sans ce principe de maximisation, ils s'appuient sur Georgescu-Roegen (1977 : 270) qui préconise de « minimiser les regrets futurs que les actions présentes pourraient susciter ».

Références bibliographiques

ANCEY Véronique, PESCHE Denis et DAVIRON Benoit, 2017, « Résilience et développement : complément, substitut ou palliatif : le cas du pastoralisme au Sahel », dans *Revue internationale des études du développement*, vol. 231, n°3 : 57-89.

ANSD, 2021, *Bulletin mensuel des statistiques économiques et financières*, mai.

ANSD, 2018, *Les comptes nationaux de l'année de base 2014 : les principaux changements et leurs impacts sur le PIB,* décembre.

BCEAO, 2020, *Note mensuelle de conjoncture économique dans les pays de l'UEMOA à fin juillet 2020,* Octobre.

CEDEAO, 2020, *Pandémie de la Covid-19: Impact des mesures de restriction en Afrique de l'Ouest,* in collaboration with Centre d'Excellence Régional contre la faim et la Malnutrition (CERFAM), World Food Program and United Nations Economic Commission For Africa.

DGPPE, 2020, *Étude d'impact socio-économique de la Covid-19 au Sénégal,* Mai.

DIONE Alioune, GUÈYE Cheikh et DIAGNE Cheikh Ahmadou Bamba, 2021, « L'économie immédiate : modèle de résilience post-Covid-19 par une approche de territorialisation des politiques publiques », dans Abdourahmane Ndiaye, Cheikh Gueye et Cheikh Oumar Bâ (dir.), *Sénégal Post Covid-19 : souveraineté et ruptures*, Dakar, L'Harmattan, pp : 117-135.

DPEE, 2020, *Situation économique et financière en 2020 et perspectives 2021*, Novembre.

FAYE Ndèye Fatou, SALL Moussa, AFFHOLDER François et GERARD Françoise, 2019, « Inégalités de revenu en milieu rural dans le bassin arachidier du Sénégal », *Papiers de Recherche AFD*, n° 115, Octobre.

FMI, 2022, *SÉNÉGAL. Demande de décaissement au titre de la facilité de crédit rapide et d'achat au titre de l'instrument de financement rapide – communiqué de presse ; rapport des services du FMI ; et déclaration de l'administrateur pour le Sénégal*, Rapport du FMI n° 20/108, Avril.

GEORGESCU-ROEGEN Nicholas, 1977, « The Steady State and Ecological Salvation : A Termodynamic Analysis », in *BioScience*, vol. 27, n° 4, pp: 266-270.

HATHIE Ibrahima, 2021, « L'après Covid-19, une opportunité pour une politique alimentaire inclusive et durable ?», dans Abdourahmane Ndiaye, Cheikh Guèye et Cheikh Oumar Ba (dir.), *Sénégal Post Covid-19 : souveraineté et ruptures*, Dakar, L'Harmattan, pp: 221-229

IPAR, 2021, « La filière mangue face à la Covid-19 au Sénégal », (http://ipar.sn/Etude-sur-la-chaine-de-valeur-mangue-face-a-COVID-19-au-Senegal.html (consulté le 15 septembre 2022).

KA Rougyatou, 2021, « Le choc économique de Covid-19 sur la pêche artisanale au Sénégal », dans Abdourahmane Ndiaye, Cheikh Guèye et Cheikh Oumar Ba (dir.), *Sénégal Post Covid-19 : souveraineté et ruptures*, l'Harmattan Sénégal, pp:197-210.

KASSE Moustapha, 2021, « Effets économiques et sociaux de la pandémie du nouveau coronavirus et les perspectives de sortie de crise » , dans Abdourahmane NDIAYE, Cheikh Gueye et Cheikh Oumar Ba (dir.), *Sénégal Post Covid-19 : souveraineté et ruptures*, Dakar, L'Harmattan, pp: 93-100.

LO Moubarack et SY Amaye, 2021, « L'émergence du Sénégal à l'épreuve de la Covid-19. Quels scénarios pour 2023 ? », dans Abdourahmane Ndiaye, Cheikh Guèye et Cheikh Oumar Ba (dir.), *Sénégal Post Covid-19 : souveraineté et ruptures*, Dakar, L'Harmattan, pp : 55-71

NDIAYE, El Hadji Mounirou, 2021, « La réforme budget programme : état des lieux et perspectives en termes de prise en charge des ODD dans le cas du Sénégal », dans *Revue d'Analyse Économique et Financière*, n° 2, pp: 63-94.

NDIAYE Abdourahmane et BA Muhammad, 2021, « Cap sur les transformations bioéconomiques souhaitables au Sénégal Post Covid-19 », dans Abdourahmane Ndiaye, Cheikh Guèye et Cheikh Oumar Ba (dir.), *Sénégal Post Covid-19 : souveraineté et ruptures*, Dakar, L'Harmattan, pp : 145-169

RÉPUBLIQUE DU SÉNÉGAL, 2020, *Plan Sénégal émergent : plan d'actions prioritaires 2, ajusté et accéléré (PAP 2A) pour la relance de l'économie (2019-2023),* décembre.

SECK Abdoulaye, 2020, *Poverty Consequences of COVID-19 Pandemic-Induced Lockdowns in Senegal: Extent and Implications from a Household Survey,* AERC, August (non publié).

VAN HOYWEGHEN Kaat, FABRY Anna, FEYAERTS Hendrik, WADE Idrissa et MAERTENS Miet, 2021, "The resilience of horticultural supply chains to the Covid-19 pandemic: Insights from Senegal", *Working Paper* (non publié).

ANNEXE : Détails à propos des personnes rencontrées

Personnes rencontrées	Position	Lieu et date de l'entretien	Horaire
Olivier BEGUY	Économiste en chef de la BAD au Sénégal	Entretien virtuel, le mercredi 2 décembre 2020	10 h-11 h 30
Oumar DÈME	Représentant de la BRVM au Sénégal	BRVM, Dakar, jeudi 3 décembre 2020	11 h-12 h 30
Mouhammadou Bamba DIOP	Directeur (DGPPE)	DGPPE, vendredi 4 décembre 2020	10 h-11 h 20
Mesmin KOULET-VICKOT	Représentant résident du Fmi	Entretien virtuel, vendredi 4 décembre 2020	11 h 30-12 h 30
Pablo CENDOYA REVENGA	Économiste, Attaché de coopération, Union européenne	Entretien virtuel, mercredi 9 décembre 2020	10 h-11 h
Abdoulaye SECK	Enseignant chercheur, Macro-économie, UCAD	UCAD, Bureau C5, vendredi 4 décembre 2020	13 h-13 h 30
Babacar SÈNE	Enseignant chercheur, Économie financière, UCAD	Entretien virtuel, mardi 8 décembre 2020.	11 h-12 h

6.

La politique étrangère du Sénégal sous Macky Sall dans le premier cercle concentrique

Mamadou Lamine Sarr

Université virtuelle du Sénégal (UVS)
mamadoulamine1.sarr@uvs.edu.sn

Résumé

Le Sénégal a toujours été reconnu pour sa diplomatie active et conciliante en Afrique et dans le monde. Cet activisme a notamment comme fondement le renforcement des liens avec les pays du voisinage proche. Les relations avec les pays frontaliers ont connu des évolutions différentes selon le président en place, oscillant entre coopération et tension, notamment sous la présidence actuelle de Macky Sall. L'objectif de cet article est d'analyser les actions et les motivations du Sénégal depuis 2012 dans ce qui est appelé le premier cercle concentrique, c'est-à-dire son voisinage immédiat. Il ne s'agit pas ici d'un bilan de la politique étrangère du Sénégal sous Macky Sall, mais d'une tentative de compréhension de la dynamique de la diplomatie sénégalaise envers les pays voisins avec qui il partage des liens historiques, culturels, politiques et économiques.

Mots clés **:** politique étrangère, Sénégal, cercles concentriques, diplomatie, Macky Sall.

Abstract:

Senegal has always been recognized for its active and conciliatory diplomacy in Africa and around the world. This activism is based in particular on strengthening ties with neighbouring countries. Relations with neighbouring countries have evolved differently depending on the president in place, oscillating between cooperation and tension, particularly under the current presidency of Macky Sall. The objective of this article is to analyze the actions and motivations of Senegal since 2012 in what is called the first concentric circle, that is to say its immediate vicinity. This is not an assessment of Senegal's foreign policy under Macky Sall, but an attempt to understand the dynamics of Senegalese diplomacy towards neighbouring countries with which it shares historical, cultural, political and economic ties.

Keywords : foreign policy, Senegal, concentric circles, diplomacy, Macky Sall.

Introduction

Depuis 1960, les différents Gouvernements qui se sont succédé à la tête de l'État du Sénégal ont tenté de perpétuer une tradition diplomatique reconnue à travers le monde. En effet, le Sénégal a toujours défini sa politique étrangère comme instrument d'action et d'affirmation sur la scène internationale. De Léopold Sédar Senghor à Macky Sall, en passant par Abdou Diouf et Abdoulaye Wade, le pays de la *Téranga*[19] a défendu sa stratégie diplomatique d'insertion internationale à travers une consolidation de ses relations (sous) régionales, continentales et internationales sous le couvert de ce qui a été appelé la diplomatie des cercles concentriques. Les cercles concentriques font référence aux différentes sphères d'action et d'influence de la diplomatie sénégalaise à savoir le voisinage proche, la sphère continentale, les pays arabes et les pays occidentaux (M. Bodian et C. Kelly 2018).

Avant son accession au pouvoir, le président Sall militait pour une diplomatie sénégalaise en faveur du développement et de la paix et la sécurité internationales, notamment à travers son voisinage proche constitué par les pays frontaliers à savoir la Gambie, la République de Guinée, la Guinée-Bissau, le Mali et la Mauritanie. En ce sens, il nous semble intéressant de s'interroger sur la politique du Sénégal dans son voisinage immédiat sous la présidence de Macky Sall. Ainsi, se pose dans ce travail la problématique suivante : Comment expliquer l'évolution de la politique de bon voisinage du Sénégal depuis l'accession au pouvoir du président Macky Sall ? Il ne s'agit pas ici de faire un bilan qualitatif ou personnel de la politique étrangère de l'administration Sall dans le voisinage proche. L'objectif est ici de

[19] L'hospitalité en *wolof,* une langue nationale du Sénégal.

poser les jalons d'une analyse et d'une compréhension des actions et des motivations de la politique étrangère du Sénégal sous Macky Sall dans ce qui constitue donc le premier cercle concentrique.

Ce travail s'articulera autour de deux grandes sections. Dans la première, nous reviendrons sur la théorisation de la politique étrangère du Sénégal à travers les cercles concentriques avec une attention particulière pour le premier cercle concentrique. Dans la seconde section, nous procéderons à l'analyse de l'engagement et de l'implication du Sénégal dans son voisinage immédiat sous la présidence de Macky Sall.

1. Aspects théoriques et méthodologiques

Il n'est pas toujours facile de définir un cadre théorique dans une analyse de politique étrangère tant cette dernière est multifactorielle et multidimensionnelle. La politique étrangère du Sénégal n'échappe pas à cette complexité et dans le cadre de notre analyse, elle illustre des fondements de la théorie réaliste, mais également des aspects importants du constructivisme. Ainsi, la politique étrangère du Sénégal sous Macky Sall navigue entre réalisme et constructivisme à travers des aspects qui définissent la nature de l'État et de la société sénégalaise et qui illustrent l'interaction entre le Sénégal et ses voisins. D'une part, l'objectif d'assurer la sécurité et l'intégrité du territoire – notamment avec la crise casamançaise – est une illustration du fondement rationnel réaliste de la politique étrangère sous Macky Sall. D'autre part, la volonté de propager l'image d'une démocratie stable et apaisée, n'ayant jamais connu de coups d'État militaire constitue un fondement identitaire constructiviste.

Dans l'analyse de politique étrangère, le réalisme repose entre autres sur trois fondements essentiels : l'anarchie du système international, l'unicité de l'État et sa rationalité. La nature anarchique du système n'est pas synonyme de chaos ou de désordre, mais elle illustre l'absence d'une autorité politique au-dessus des États qui détiennent le monopole de la violence légitime. Cette anarchie internationale conduit notamment les États à se préoccuper avant tout de la défense de son territoire. L'unicité de l'acteur étatique a un double sens. D'abord, unicité dans le sens où l'État est considéré comme le seul acteur (ou du moins le principal) des relations internationales ; unicité ensuite dans le sens où cet État est incarné par celui qui le dirige, qu'il s'agisse du prince de Machiavel ou du chef d'État actuel. C'est à travers ce dernier que l'on constate la rationalité de l'État c'est-à-dire sa disposition, face à la nature anarchique du système international, à effectuer un arbitrage entre les différentes options qui se présentent à lui. Cet arbitrage se fera en évaluant les coûts et les bénéfices de chacune de ces options afin de maximiser l'utilité. Pour certains, comme H. Morgenthau, cette utilité correspond à la puissance, car face à l'anarchie du système international, tout État aspire à plus de puissance afin d'assurer sa pérennité en essayant de maintenir ou de renverser le statu quo. Pour d'autres, comme R. Aron ou K. Waltz, face à la présence constante des menaces de guerre, l'objectif de l'État en matière de politique étrangère sera avant tout d'assurer sa sécurité.

Si la pensée réaliste peut permettre de comprendre le comportement d'un État comme le Sénégal sur la scène internationale, elle ignore ou marginalise des aspects qui peuvent avoir une influence importante comme l'identité, les structures sociales (règles, normes), etc. C'est en ce sens que le constructivisme est intéressant, car il met en perspective entre autres, le rôle des identités. En effet, l'image qu'un État se fait de soi et celle qu'il se fait des autres constituent un facteur explicatif de son comportement sur la scène internationale. Ainsi, contrairement à la rationalité des réalistes, les constructivistes comme P. Katzenstein ou A. Wendt considèrent que les intérêts des États sont issus de leur identité, c'est-à-dire qu'on définit ce qu'on est, avant de définir ce qu'on veut. Ainsi, les actions et les motivations du Sénégal par rapport à ses voisins ne sont pas seulement relatives à la puissance – militaire notamment – comme le suggère la pensée réaliste. Elles sont également relatives à l'image que le Sénégal s'est construite depuis son indépendance et à la manière dont les autres pays voisins le perçoivent.

Comme nous le verrons donc nous essayerons de le montrer dans la suite du travail, nous postulons l'hypothèse selon laquelle la politique étrangère du Sénégal sous Macky Sall dans son voisinage proche, s'est davantage inspirée de la vision réaliste de quête de puissance et de sécurité de manière rationnelle que de la vision constructiviste d'influence de l'identité sur les intérêts nationaux. Cette politique étrangère s'est également appuyée sur l'usage combiné d'instruments de *hard power* et de *soft power*.

Au plan méthodologique, cette étude repose sur une étude de cas simple. Comme l'indiquent G. Mace et F. Pétry, « L'étude de cas est une stratégie de recherche empirique qui permet d'étudier des phénomènes contemporains dans la réalité où les frontières entre le phénomène et son contexte ne sont pas toujours évidentes et où il faut habituellement utiliser des sources multiples d'information et d'évidence »

(2017 : 70). Si elle a le défaut de ne pas conduire à des généralisations, l'étude de cas unique a toutefois l'avantage de favoriser une étude plus approfondie du phénomène étudié. Par conséquent, ce choix s'est imposé de lui-même au vu de notre problématique qui s'intéresse à une période et à un aspect précis : la politique étrangère du Sénégal dans son voisinage sous la présidence de Macky Sall depuis 2012.

2. La diplomatie des cercles concentriques : la théorisation de la politique étrangère sénégalaise

Figure 2: Le Sénégal et ses voisins (source : bbc news : https://www.bbc.com/news/world-africa-14093674)

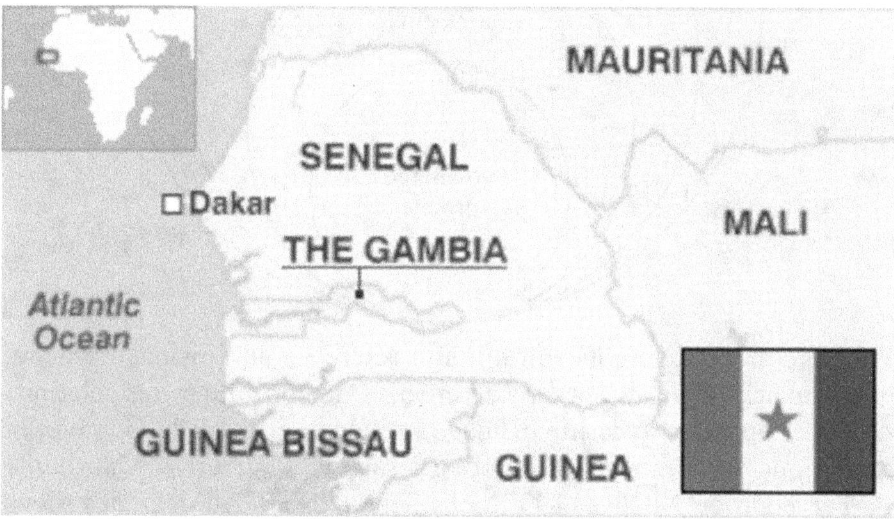

2.1. Les quatre cercles concentriques

Comme pour plusieurs axes de la politique sénégalaise, la politique étrangère du Sénégal a été façonnée par le premier président du pays, Léopold Sédar Senghor. En effet, ce dernier a été l'instigateur de la théorisation des relations internationales et de la politique étrangère du Sénégal autour des cercles concentriques. Dans la perception du président Senghor, la diplomatie sénégalaise devait s'articuler autour de quatre grands ensembles représentant les cercles concentriques (P. Schraeder et N. Gaye 1997).

Figure 3: Illustration de la diplomatie des cercles concentriques du Sénégal (de l'auteur)

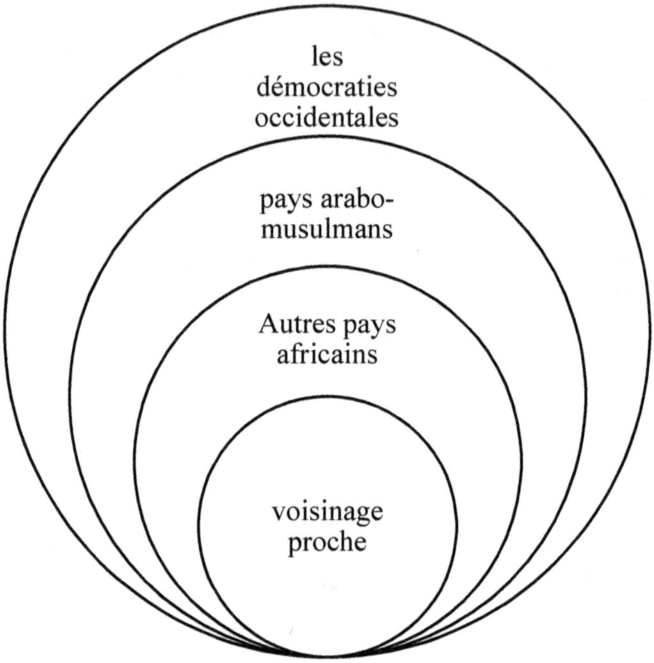

Le premier cercle concentrique fait référence au voisinage proche. Pour Dakar, il était nécessaire de créer et de consolider des relations solides et apaisées avec le voisinage immédiat à savoir la Gambie, la République de Guinée, la Guinée-Bissau, le Mali et la Mauritanie (P.Schraeder et N.Gaye 1997 ; I. Sène 2013). Au-delà des liens historiques et culturels entre le Sénégal et ces différents pays, il était important au lendemain des indépendances de consolider les frontières et la sécurité de ces récents États indépendants[20]. C'est ce qui fait dire à Ibrahima Sène :

> « C'est une tautologie de dire que la porosité frontalière née de la balkanisation post-indépendance a sécrété des effets pervers dans la stabilité des États africains. Cette évidence cristalline amène le président Senghor à s'imprégner plus que jamais de l'exigence inéluctable d'échafauder une diplomatie de relations apaisées entre les différents pays limitrophes ». (I. Sène 2013 : 107)

Dès lors, le voisinage proche a toujours constitué une zone stratégique importante pour la diplomatie sénégalaise et tous les chefs

[20] À l'exception de la Guinée-Bissau devenue indépendante en 1974 de la colonisation portugaise.

d'État – avec leur administration – qui se sont succédé à la tête du pays ont tenté de présenter le Sénégal comme un acteur incontournable par rapport aux pays frontaliers. Les relations avec ces pays voisins ont connu diverses évolutions avec des aspects de continuité et de changement, marqués par des moments de coopération, mais aussi de tensions et conflits (P. Schraeder et N. Gaye 1997; M. Bodian et C. Kelly 2018).

Le deuxième cercle concentrique se rapporte aux autres pays africains et à l'engagement du Sénégal dans la coopération et l'intégration sous-régionale et continentale. Dans un contexte de post-indépendance et de guerre froide, la question de l'intégration a constitué un des principaux axes des relations intra-africaines. Les différents chefs d'État sénégalais ont tous perçu, à leur manière, la scène régionale et continentale comme un espace d'action, d'affirmation et de reconnaissance de la diplomatie sénégalaise. C'est dans cette perspective qu'il faut comprendre l'engagement remarqué du Sénégal dans les différents processus d'intégration continentale et régionale comme l'Organisation de l'unité africaine (OUA), la Communauté économique des États de l'Afrique de l'Ouest (CEDEAO), l'Union économique et monétaire ouest-africaine (UEMOA) (R. Mortimer 1996 ; P. Schraeder et N. Gaye 1997 ; A. Sall 2013 ; I. Sène 2013; M. Bodian et C. Kelly 2018).

Le troisième cercle concentrique fait référence aux pays arabes et musulmans. Son histoire et son héritage islamique ont fait du Sénégal un pays à la croisée des chemins entre les civilisations africaines et arabo-musulmanes. Avec une population à majorité musulmane et des confréries de tradition soufie très actives, le Sénégal s'est longtemps appuyé sur cette culture d'un islam dit modéré pour nouer et consolider des relations avec les pays du Moyen-Orient, du Golfe et d'autres pays musulmans notamment en Afrique (P. Schraeder et N. Gaye 1997; M. Bodian et C. Kelly, 2018). C'est par exemple le cas avec le Maroc avec qui le Sénégal entretient des relations particulières notamment à travers la branche soufie de la Tijaniyya (B. Sambe 2010 ; M. Bodian et C. Kelly 2018). Une autre illustration des relations du Sénégal avec les pays arabes et musulmans se manifeste par son engagement au sein de l'Organisation de la coopération islamique (OCI) dont le pays est un membre fondateur. Au-delà de ces relations culturelles et religieuses, le Sénégal a renforcé ces dernières décennies ses relations diplomatiques, économiques et commerciales avec ces États arabo-musulmans comme l'Arabie Saoudite, le Qatar, les Émirats arabes unis (C. Zarour 1986 ; P. Schraeder et N. Gaye 1997 ; M. Bayram 2019).

Le quatrième et dernier ensemble ou cercle concentrique représente les démocraties occidentales. Il faut rappeler ici que la définition de ces cercles concentriques s'est faite dans un contexte de Guerre froide. Il s'agissait alors pour le Sénégal, comme pour beaucoup d'autres pays africains, d'établir des relations cordiales avec les grandes puissances – notamment avec la France, ancienne puissance coloniale – tout en gardant une certaine autonomie par rapport aux deux camps alors en opposition, le camp occidental et le camp communiste. Dans le cas des relations avec la France, si le président Senghor a été l'instigateur des relations étroites entre les deux pays et que son successeur Abdou Diouf s'est globalement inscrit dans cette trajectoire, l'arrivée du président Wade a constitué un tournant (T. Chafer 2003 ; A. Sall 2013 ; M. Bayram 2019). En effet, ce dernier a amorcé une plus grande diversification des partenariats du pays avec d'autres puissances occidentales comme les États-Unis, mais surtout avec les pays émergents comme la Chine et l'Inde, et avec les pays du Golfe comme le Qatar (T. Chafer 2003 ; A.Sall 2013 ; P. Jain 2013 ; T. Chafer 2013 ; M. Bodian et C. Kelly 2018). Sous la présidence de Macky Sall, les relations avec la France se sont consolidées (A. Sall 2013 ; O. Ba 2016) et en ce sens, aussi paradoxal que cela puisse paraître, le président Sall a une vision des relations franco-sénégalaises qui est plus proche de celles des Présidents Senghor et Diouf que celle du président Wade.

Par ailleurs, il est important de souligner que la politique étrangère du Sénégal a connu des changements, des continuités dans chacun des cercles concentriques à travers les quatre présidents de la République qui ont gouverné le pays. En effet, du président Senghor au président Sall en passant par les présidents Diouf et Wade, chacun d'eux a défini des priorités et a amené sa vision et sa touche personnelle sur les relations du Sénégal dans ces quatre grands ensembles (M. Bodian et C. Kelly 2018 ; M. Bayram 2019). Ceci a notamment été rendu possible par la nature du régime présidentiel du Sénégal qui fait du chef de l'État l'acteur central de la vie politique sénégalaise et le dépositaire principal de la politique étrangère du pays (A. Sall 2013 ; I. Sène 2013 ; M.-C. Diop 2006 ; O. Ba 2016).

2.2. L'importance du premier cercle concentrique

Le premier cercle concentrique occupe une place fondamentale dans la politique étrangère du Sénégal. Il représente l'ensemble dans lequel on a eu une plus grande continuité entre les différents présidents et celui pour lequel le Sénégal dispose de plus grands moyens d'action et d'affirmation comme puissance, notamment dans le domaine militaire. Pour un pays comme le Sénégal, la sauvegarde de l'intérêt national et de sa sécurité passe indubitablement par une sécurisation de son environnement proche et une pacification de ses relations avec ses voisins. C'est ce qui fait dire à M. Bodian et C. Kelly :

> « La politique étrangère du Sénégal envers ses voisins immédiats est largement motivée par les tentatives du Gouvernement d'éviter l'instabilité politique le long de ses frontières nationales poreuses. Le Gouvernement sénégalais a décidé d'utiliser les organisations internationales de manière stratégique – mais seulement occasionnellement – pour défendre les intérêts nationaux sénégalais avec ses voisins ; le Sénégal s'est davantage appuyé sur ce cercle que dans d'autres sur la force militaire comme outil potentiel. » (M. Bodian et C. Kelly 2018 : 333)[21].

Le premier cercle concentrique constitue la principale zone stratégique sécuritaire pour le Sénégal. Le conflit en Casamance et ses différentes tentatives de résolution illustrent cette interdépendance entre la sécurité et la stabilité du Sénégal et le renforcement des relations avec les pays frontaliers. Le Sénégal a longtemps intégré l'idée qu'une résolution définitive de la crise en Casamance nécessitait une stabilisation et une sécurisation des frontières avec la Gambie et la Guinée-Bissau même si les relations avec ces deux États ont connu des soubresauts avec des périodes de vives tensions (M.-C. Diop 1994 ; P. Schraeder et N. Gaye 1997 ; V. Foucher 2013 ; M. Bodian et C. Kelly 2018 ; M. L. Manga 2020).

Par ailleurs, le Sénégal n'a pas hésité parfois à mener des opérations militaires dans ces pays voisins pour anticiper des situations d'instabilité qui pouvaient avoir des répercussions sur la sécurité et la stabilité du pays. On peut citer notamment : l'intervention de l'armée sénégalaise en Gambie en 1980 et en 1981 pour aider le président Daouda Kairaba Diawara qui faisait alors face à une insurrection armée et à un coup d'État ; l'opération Gabou (1998-1999) en Guinée-Bissau pour assister le président Nino Vieira qui a subi une tentative de coup d'État mené par le Général Ansoumana Mané ; l'intervention en Gambie en janvier 2017, sous l'égide de la CEDEAO pour renverser le président Yaya Jammeh. Toutes ces opérations sont étroitement liées à la lutte menée par l'armée sénégalaise contre le Mouvement des forces démocratiques de Casamance (MFDC) et Dakar a toujours considéré la Gambie et la Guinée-Bissau comme des bases arrières pour le MFDC. C'est dire

[21] Traduction libre.

donc l'importance que revêt la sécurité frontalière avec ces deux États pour le Sénégal (V. Foucher 2013 ; M. Bodian et C. Kelly 2018 ; M. L. Manga 2020).

Un autre aspect de sécurité réside dans la situation actuelle du Sahel qui fait que le Sénégal a besoin de consolider ses relations et ses frontières avec la Mauritanie et le Mali pour prévenir et lutter contre la menace terroriste qui frappe la région depuis ces dernières décennies. Il est vrai que le Sénégal n'est pas touché par des actes terroristes comme le Mali et qu'il présente des conditions politiques et sociales lui garantissant une certaine résilience par rapport au djihadisme, mais la menace existe (M. Bodian 2014).

Toute cette dimension sécuritaire fait écho aux paroles d'Abdou Latif Coulibaly selon qui « Aucun État ne peut, durablement, se considérer comme un îlot de paix et un havre de sécurité dans un contexte sous-régional et régional qui se trouve complètement défiguré par la guerre et les conflits de toutes sortes. » (A.L. Coulibaly 2003 : 46).

Par ailleurs, il ne s'agit pas seulement pour le Sénégal d'assurer sa sécurité, sa stabilité et l'intégrité de son territoire à travers un activisme militaire, mais également de nouer des relations solides et pacifiques avec ses voisins à travers son *soft power.* En effet, en projetant sur la scène internationale en général son image de pays démocrate, stable, ouvert et tolérant, le Sénégal souhaite aussi inspirer ses voisins proches – comme ceux de l'Afrique de l'Ouest entre autres. Comme l'indiquent M. Bodian et C. Kelly :

> « Dans l'ensemble, cependant, le Sénégal a exercé un pouvoir idéationnel et normatif plus considérable, qu'il a développé sur la base de sa réputation de démocratie électorale pacifique, d'un régime civil stable avec une armée professionnelle, d'un bastion de la culture francophone et d'une société musulmane tolérante. Ces caractéristiques nationales ont façonné l'approche de la politique étrangère du Sénégal, conduisant de nombreuses autorités sénégalaises à fortifier l'architecture organisationnelle internationale dont il fait partie dans l'espoir de construire une autorité idéationnelle et normative qui peut positionner le Sénégal à utiliser son « soft power » pour satisfaire certains des besoins économiques et sécuritaires « vitaux » du pays grâce à la coopération transnationale ». (M. Bodian et C. Kelly 2018 : 344)[22]

Pour un pays comme le Sénégal, la quête d'une forte présence et d'une grande influence sur la scène internationale passe d'abord par un dynamisme et une reconnaissance dans son voisinage proche et dans la

---

[22] Traduction libre.

région ouest-africaine plus largement. Ainsi, au-delà de la dimension sécuritaire, la consolidation de ses relations économiques, commerciales, diplomatiques, culturelles, etc. avec les pays frontaliers – et même au-delà – demeure un axe important de la place du Sénégal dans ce premier cercle concentrique. Ceci passe par un renforcement des relations bilatérales, mais aussi par un engagement dans des processus d'intégration sous-régionale ou régionale (O. Ba 2016 ; M. Bodian et C. Kelly 2018 ; M. Bayram 2019 ; M. Khan 2019). Qu'il s'agisse de la CEDEAO, de l'UEMOA, de l'Organisation pour la mise en valeur du fleuve Sénégal (OMVS), de l'Organisation pour la mise en valeur du fleuve Gambie (OMVG) entre autres, le Sénégal s'appuie sur ces différents forums d'intégration pour se montrer actif et pour sauvegarder ses intérêts dans son voisinage immédiat.

C'est dans cette perspective qu'il faut comprendre la dynamique de l'engagement du Sénégal sous la présidence de Macky Sall depuis son arrivée au pouvoir en 2012 que nous allons analyser dans la prochaine section.

3. Le Sénégal et ses voisins sous la présidence de Macky Sall

Lors d'une conférence organisée en novembre 2011 par l'Institut français des relations internationales (IFRI), Macky Sall, alors candidat à l'élection présidentielle de mars 2012, présentait sa vision de la politique étrangère du Sénégal. Il s'inscrivait dans la vision des cercles concentriques du président Senghor en soulignant notamment la nécessité « d'une diplomatie du voisinage dont l'objectif est de mettre en œuvre une politique de bon voisinage par une concertation permanente et dynamique[23] ». Avant donc son arrivée au pouvoir en 2012, le président Macky Sall semblait s'inscrire dans la tradition diplomatique sénégalaise et son ancrage dans son voisinage immédiat. Depuis, les relations entre le Sénégal et ses voisins ont connu des évolutions importantes illustrées à la fois par une consolidation de la coopération et par des moments de tension.

---

[23] Conférence de l'Institut français des relations internationales (IFRI) du 29 novembre 2011, intitulé « Quelle politique étrangère pour le Sénégal ? », animé par Monsieur Macky Sall. https://www.dailymotion.com/video/xmo7mg (Consulté le 18 juin 2022).

3.1. Les relations avec la Gambie, la Guinée-Bissau et la Mauritanie sous le sceau de la stabilité

En matière de politique étrangère, les paroles et les actes symboliques traduisent souvent de réels objectifs politiques et stratégiques. Lors de son arrivée au pouvoir en 2012, le président Macky Sall effectue sa première visite officielle en Gambie présidée alors par Yaya Jammeh. Au-delà de la dimension symbolique, cette visite renfermait deux objectifs principaux. Il s'agissait d'abord de redonner un nouveau souffle et une nouvelle dynamique aux relations sénégalo-gambiennes qui étaient tendues sous la présidence d'Abdoulaye Wade. Ensuite, pour le nouveau président Macky Sall, c'était l'occasion de réaffirmer l'importance stratégique de la Gambie notamment dans le désenclavement et la sécurisation de la Casamance. Toutefois, les relations diplomatiques et personnelles entre le président Macky Sall et Yaya Jammeh n'ont jamais connu une stabilité et une cordialité continue et le point d'orgue de cette tension a été la crise électorale gambienne en décembre 2016.

Face au refus de Yaya Jammeh de céder le pouvoir au président élu Adama Barrow – après avoir pourtant reconnu sa défaite dans un premier temps, le président Macky Sall s'est rapidement positionné en faveur du second en prenant à témoin les pays de la CEDEAO et la communauté internationale. Une illustration de cette prise de position est le fait que c'est à l'ambassade de Gambie à Dakar qu'Adama Barrow a prêté serment comme président élu le 19 janvier 2017. S'il a souvent appelé au dialogue pour convaincre le président Jammeh à quitter le pouvoir, le chef de l'État sénégalais n'excluait pas toutefois une intervention militaire (France 24, 2016). Finalement, l'opération *restore democracy* est lancée sous l'égide de la CEDEAO pour déloger Yaya Jammeh du pouvoir. Cette opération voit la participation militaire du Nigeria, du Mali, du Togo, du Ghana et surtout du Sénégal qui a envoyé le plus grand contingent, mais la confrontation militaire est évitée notamment grâce à la médiation du président de la Guinée, Alpha Condé, et de celui de la Mauritanie, Mohamed Ould Abdel Aziz. Le président Jammeh quittera la Gambie le 21 janvier 2017 (C. Hartmann 2017).

Pour le Sénégal et le président Macky Sall, ce dénouement pacifique de la crise gambienne a eu deux implications majeures. Le premier est l'affirmation ou la consolidation du leadership du Sénégal dans son voisinage immédiat et dans la région ouest-africaine. Dakar a su mobiliser et convaincre les autres pays de la CEDEAO dont la menace d'une intervention militaire a été un élément de pression efficace face au président Jammeh. Le pays de la Téranga a ainsi réussi à renforcer son image de pays militant pour le respect de la démocratie et de puissance militaire dans son voisinage proche et en Afrique de l'Ouest. La seconde grande implication réside dans l'évitement d'une confrontation armée entre les forces de la CEDEAO et l'armée gambienne. Une telle confrontation présentait vraisemblablement une possibilité de contagion en Casamance et un risque d'embrasement du conflit armé avec le MFDC dont les conséquences auraient été désastreuses pour le Sénégal, mais aussi pour l'ensemble de son voisinage immédiat. En effet, avec l'instabilité politique en Guinée et en Guinée-Bissau, la situation politico-sécuritaire au Mali, un conflit généralisé en Gambie et en Casamance aurait été fatal à la stabilité et à la sécurité dans l'espace CEDEAO.

Par ailleurs, ce changement politique en Gambie a permis à l'État sénégalais de compter sur un allié sûr en la personne du président Adama Barrow pour consolider durablement les relations entre les deux pays. La signature de nombreux accords de sécurité, de défense et de coopération entre les deux pays depuis 2017, l'instauration de conseils présidentiels entre les deux Gouvernements depuis 2018, l'inauguration du pont de la Sénégambie en 2019 et la proximité personnelle affichée entre les deux chefs d'État sont autant d'éléments qui illustrent l'apaisement des relations sénégalo-gambiennes depuis 2017. Cependant, comme toute relation entre deux États frontaliers, les relations entre les deux pays font face à des enjeux importants comme les mouvements – encore aujourd'hui – du MFDC à la frontière sénégalo-gambienne, le trafic illicite du bois en Casamance et en Gambie qui constitue un enjeu économique, sécuritaire et environnemental de premier plan pour les deux pays.

Le même constat d'apaisement et de stabilité peut être fait sur les relations du Sénégal avec la Guinée-Bissau. En mars 2012, alors que Macky Sall remportait le second tour de l'élection présidentielle au Sénégal, en Guinée-Bissau, le Premier ministre sortant, Carlos Gomes Júnior arrivait en tête au premier tour. Le second tour fut reporté au 29 avril 2012, mais celui-ci ne se tiendra pas à cause d'un coup d'État militaire le 12 avril 2012. L'armée a ainsi mis fin au rêve de présidence de Carlos Gomes Júnior qui souhaitait limiter le pouvoir des militaires. Carlos Gomes Júnior voulait également se rapprocher davantage de l'Angola, ce que le Nigeria et le Sénégal ne voyaient pas d'un bon œil (V. Foucher 2013; M. Bodian et C. Kelly 2018). Ceci explique sans doute l'attitude de complaisance – voire de soutien – du Sénégal vis-à-vis de la junte militaire et son appui à travers la CEDEAO aux autorités de la transition démocratique avec le président Manuel Serifo Nhamadjo à sa tête (D. Welle 2012; V. Foucher 2013).

En 2019, comme avec Adama Barrow en Gambie quatre ans plus tôt, Dakar s'est très vite positionné en faveur d'Umaro Sissoco Embaló comme président en Guinée-Bissau. Ainsi, lorsque ce dernier organise sa cérémonie d'investiture le 27 février 2020 alors que les résultats du scrutin présidentiel de décembre 2019 ne sont pas définitifs, l'ambassadeur du Sénégal à Bissau est un des rares représentants de la communauté internationale à être présent (RFI 2020; VOA Afrique 2020). Quelques semaines plus tard, le Sénégal déroule le tapis rouge à Embaló pour sa première visite officielle malgré le contentieux électoral qui était toujours en suspens.

Cette prise de position du Sénégal peut s'expliquer par le fait que le président Macky Sall voit en Umaro Sissoco Embaló un interlocuteur avec qui il peut consolider durablement les relations entre le Sénégal et la Guinée-Bissau.[24] Qu'il s'agisse de la sécurisation de leur frontière commune – avec la lutte contre le MFDC en toile de fond, de leur coopération économique et commerciale, les relations entre les deux pays se sont stabilisées ces dernières années. Tout le défi pour Dakar est de pouvoir compter sur une Guinée-Bissau qui doit encore faire face aux menaces d'instabilité politique et militaire, au narcotrafic, à la corruption, entre autres. Le dernier exemple en date de ce défi est la tentative de coup d'État du 1er février 2022 subi par le président Embaló et que ce dernier a attribué à des narcotrafiquants (BBC News Afrique(a) 2022; Le Monde 2022).

Avec la Mauritanie, les relations sont également à l'heure du dégel. Les relations entre les deux pays ne sont pas toujours faciles, notamment à travers des tensions et conflits liés au secteur de la pêche. À titre d'exemple, en janvier 2018, un pêcheur sénégalais a été abattu par les garde-côtes mauritaniens non loin de la frontière maritime entre les deux pays. Ceci a causé quelques incidents à Saint-Louis où des

---

[24] V. Foucher va plus loin lorsqu'il avance dans *Jeune Afrique* « au-delà de s'être trouvé des alliés dans la région, Macky Sall les a aussi produits en appuyant des candidats qui lui étaient favorables. Résultat, la Gambie et la Guinée-Bissau sont désormais dirigées par des protégés de Macky Sall » (*Jeune Afrique*, 24 juin 2020). https://www.jeuneafrique.com/mag/1005666/politique/senegal-macky-sall-ami-de-tous-les-pays/ (Consulté le 18 juin 2022)

boutiques tenues par des Mauritaniens ont été pillées et les relations entre les deux pays s'en sont trouvées tendues. Il est vrai que les relations entre le président Macky Sall et le président Mohamed Ould Abdel Aziz ont souvent été tendues et qu'il y a eu un apaisement en 2018 lorsque les deux États ont signé un accord d'exploitation commune du gisement gazier de la Grande Tortue Ahmeyim (GTA).[25] Cependant, c'est véritablement depuis l'arrivée au pouvoir en Mauritanie de Mohamed Ould Ghazouni en 2019 que les relations entre les deux États se sont davantage apaisées et consolidées.

Ainsi, au-delà des visites officielles, des accords signés entre les deux États dans le domaine de la pêche ou de la sécurité, la coopération énergétique est devenue le nouveau point focal des relations sénégalo-mauritaniennes (B. Augé 2017 ; A. Antil 2018; Jeune Afrique 2018; *La* Tribune Afrique 2018 ; MITTD, Sénégal 2021). Les récentes découvertes de gaz et d'hydrocarbures dans les deux pays – notamment à la frontière commune – constituent certes un défi pour la stabilité et la cordialité des relations entre les deux États. Toutefois, elles renferment aussi des opportunités énergétiques et économiques qui peuvent aider à dépasser les situations de méfiance et de tension qui ont caractérisé les relations sénégalo-mauritaniennes ces dernières décennies. Les deux pays ont une expérience intéressante dans le domaine énergétique à travers l'OMVS et c'est ce type de coopération que les deux gouvernements cherchent à développer dans le secteur gazier notamment.

3.2. Les relations avec la Guinée et le Mali sur fond d'instabilité

Si les relations du Sénégal avec la Gambie, la Guinée-Bissau et la Mauritanie se sont donc stabilisées ces dernières années, celles entretenues avec la République de Guinée ont été plus compliquées. En effet, il y a plusieurs épisodes de tension entre le Sénégal sous Macky Sall et la Guinée sous Alpha Condé, au pouvoir entre 2010 et 2021. Ces dernières années, les deux pays ont pris des décisions – notamment dans le domaine frontalier – qui n'ont pas facilité la stabilisation de leurs relations.

Entre mars et mai 2014, le Sénégal ferme sa frontière avec la Guinée où sévissait alors le virus Ebola. La visite officielle du président Condé au Sénégal en 2015 et la volonté affichée des deux chefs d'État de

---

[25] Le gisement de la GTA a été découvert en 2015 par l'entreprise américaine Kosmos Energy. Pour plus d'information, voir https://www.petrosen.sn/index.php/projets/gaziers/ (consulté le 18 juin 2022).

consolider les relations diplomatiques, commerciales et sécuritaires avaient permis de dépasser cet épisode. En septembre 2020, c'est la Guinée qui ferme la frontière avec son voisin sénégalais – comme avec la Guinée-Bissau et la Sierra Leone – pour des raisons sécuritaires selon Conakry et ceci à la veille de l'élection présidentielle d'octobre 2020. Au-delà des conséquences économiques et commerciales qu'elles ont entraînées pour les deux pays, ces différentes fermetures ont illustré toute la complexité des relations sénégalo-guinéennes.

S'il n'explique pas tout, la difficile relation personnelle entre Macky Sall et Alpha Condé constitue un élément d'explication des relations complexes entre Dakar et Conakry. En effet, si Alpha Condé souligne souvent ses rapports cordiaux avec le Sénégal et sa classe politique – notamment quand il était l'opposant principal du président Lansana Conté, ses relations personnelles avec le président Macky Sall n'ont jamais été simples. Un des points d'achoppement de ses relations difficiles entre les deux présidents et la proximité – voire le soutien – du président Macky Sall au principal opposant du président Alpha Condé, Cellou Dalein Diallo. Alpha Condé voyait d'un mauvais œil la proximité du président sénégalais avec son principal opposant et considérait ceci comme une ingérence dans les affaires internes guinéennes.

De plus, l'ancien président guinéen ne vouait pas un grand respect envers le président bissau-guinéen, Umaro Sissoco Embaló, qui est un des principaux alliés et soutiens du président Macky Sall dans la sous-région. Par ailleurs, le président Macky Sall – comme le président Embaló – n'a ni félicité le président Condé après sa réélection lors du scrutin présidentiel de 2020, ni participé à son investiture[26]. Si on ajoute à cela le fait que le président sénégalais n'a pas répondu à la proposition du président Condé de former des patrouilles de surveillance mixtes à leur frontière commune, tout ceci a donc participé à l'hostilité entre les deux chefs d'État. Ces considérations personnelles peuvent sembler anecdotiques, mais en matière de politique étrangère et de relations internationales, la perception des individus ainsi que leurs considérations des autres acteurs constituent des facteurs déterminants de l'action des États (M. Hermann 1980; K. Holsti 1982 ; B. Korany 1986 ; B. Korany 1987 ; D. Welch 2005 ; E. Yang 2010 ; C. Alden et A. Aran 2012).

---

[26] Lors de cette investiture du président Alpha Condé, le président Macky Sall a envoyé la ministre des Affaires étrangères, Aïssata Tall Sall.

En revanche, le président Macky Sall a condamné le coup d'État du 5 septembre 2021 qui a renversé le président Condé. Le président sénégalais – qui assure la présidence de l'Union africaine depuis février 2022 – milite pour une transition rapide en Guinée et il s'est montré favorable envers des sanctions de la CEDEAO contre la junte au pouvoir. Cette dernière, en guise d'apaisement et de bonne volonté, a rouvert les frontières avec le Sénégal – et avec les autres pays frontaliers de la Guinée. Au-delà de son militantisme pour le respect des changements constitutionnels dans son voisinage proche, il s'agit aussi pour le Sénégal de s'entourer de partenaires fiables et amicaux en Guinée comme c'est le cas actuellement avec la Gambie et la Guinée-Bissau.

Lorsqu'il arrive au pouvoir en 2012, le président Macky Sall trouve le Mali voisin dans une situation de troubles sans précédent. Il est intéressant de montrer le parallèle entre le Sénégal et le Mali pendant cette année 2012. Au moment où le Sénégal connaît sa deuxième alternance politique démocratique, le Mali est empêtré dans une grande crise politique et sécuritaire. En effet, l'État malien était au bord de l'effondrement avec le coup d'État militaire de mars, la progression de la rébellion touareg, l'avancée fulgurante de groupes djihadistes comme Al-Qaeda au Maghreb islamique (AQMI), le groupe Ansar Dine, le Mouvement pour l'unité et le djihad en Afrique de l'Ouest (MUJAO) entre autres. Le Gouvernement malien ne contrôlait plus l'ensemble du territoire et le risque de faillite de l'État malien constituait indéniablement une menace pour la stabilité politique, sécuritaire et économique du Sénégal et de la région en général (A. Bourgi 2013; J. Fontaine *et al.* 2013 ; M. Bodian 2014).

Si au début, Dakar a semblé hésiter – ou jouer sur le temps – à intervenir au Mali à travers la Mission internationale de soutien au Mali sous conduite africaine (MISMA)[27], des troupes sénégalaises seront finalement envoyées à côté d'autres contingents de pays de la CEDEAO. Cette inertie première du Gouvernement sénégalais peut s'expliquer par la crainte de s'engager dans un conflit sans issue et surtout par un déficit de moyens financiers, logistiques et militaires de s'engager au Mali, notamment le Nord qui s'étend sur plus de

[27] La MISMA a été autorisée le 20 décembre 2012 par la résolution 2085 du Conseil de sécurité. https://documents-dds-ny.un.org/doc/UNDOC/GEN/N12/660/68/PDF/N1266068.pdf?OpenElement (consulté en ligne le 28 août 2022). Elle sera remplacée par la Mission multidimensionnelle intégrée des Nations unies pour la stabilisation au Mali (MINUSMA) en avril 2013.

800 000 km^2, et ces limites concernaient également les autres pays de la CEDEAO. La nécessité grandissante de freiner l'avancée des groupes djihadistes, l'autorisation de la MISMA par le Conseil de sécurité des Nations unies ainsi que l'engagement de l'armée française au Nord-Mali à travers l'opération Serval en janvier 2013 ont vraisemblablement favorisé l'engagement militaire du Sénégal au sein de la MISMA.

Dans ce contexte, c'est avec satisfaction que Dakar a salué la tenue de l'élection présidentielle malienne en juillet 2013 qui a vu la victoire d'Ibrahima Boubacar Keïta (IBK) au second tour. Les relations normales et cordiales entre le Sénégal et le Mali sous la présidence d'IBK (2013-2020) entrent dans la stratégie d'une diplomatie de bon voisinage du président Macky Sall. La chute d'IBK lors du coup d'État du 18 août 2020 a donné une nouvelle dynamique aux relations sénégalo-maliennes. Au-delà de la condamnation de ce coup d'État comme les autres pays de la CEDEAO (sauf la Guinée), le Sénégal s'est montré favorable à l'application de sanctions contre la junte au pouvoir (Présidence du Sénégal 2020). En janvier 2022, sous l'égide des sanctions contre la junte militaire pour non-respect de la période de transition, le Sénégal a notamment fermé ses frontières terrestres et aériennes avec le Mali (BBC News Afrique(b) 2022). Ainsi, au détriment de ses relations économiques et commerciales et des implications pour les commerçants sénégalais – le Mali est le premier partenaire commercial du Sénégal dans la région, Dakar a suivi les sanctions de la CEDEAO, se mettant même à dos une partie de l'opinion publique sénégalaise opposée aux sanctions.

Sur ce cas des sanctions de la CEDEAO, on peut analyser l'action du Sénégal comme le choix entre deux pragmatismes que l'on pourrait qualifier de pragmatisme économique et de pragmatisme politique. Le pragmatisme économique aurait voulu que le Sénégal ne suive pas les sanctions économiques de la CEDEAO contre son principal partenaire commercial au nom de ses intérêts économiques et commerciaux. Le pragmatisme politique fait quant à lui référence à la nécessité pour le Sénégal de respecter les dispositifs et les décisions de la CEDEAO dont il est un des membres les plus influents. Il semble donc que le pragmatisme politique l'ait emporté malgré les nombreuses implications commerciales pour le Sénégal de la fermeture des frontières avec le Mali. La levée des sanctions de la CEDEAO le 3 juillet 2022 à la suite de l'engagement de la junte d'organiser les élections en février 2024 participe sans aucun doute à la consolidation des relations entre Dakar et Bamako. C'est dans cette perspective qu'il faille comprendre la volonté affichée du Sénégal de jouer le rôle de médiateur entre le Mali et la France dont les relations se sont détériorées ces dernières années, Bamako accusant Paris de soutenir les groupes djihadistes (Deutsche Welle 2022)[28].

Conclusion

En définitive, il apparaît que sous la présidence de Macky Sall, la diplomatie sénégalaise a perpétué l'importance accordée à son voisinage immédiat depuis les indépendances. Il est vrai que la projection de l'image d'une démocratie stable et ouverte est un aspect important dans la diplomatie sénégalaise. Toutefois, pour Dakar, la garantie de la stabilité, la sauvegarde de l'intérêt national ainsi que la sécurité et l'intégrité du territoire, passent indubitablement par un voisinage stable et en paix. C'est donc dans cette perspective réaliste – plutôt que constructiviste – que s'inscrit la politique étrangère du Sénégal depuis 2012 envers les pays frontaliers. La gestion de la crise casamançaise à travers la coopération avec la Gambie et la Guinée-Bissau, la sécurisation du territoire à travers un engagement pour la stabilité en Guinée et au Mali, l'exploitation des ressources à travers une coopération énergétique avec la Mauritanie sont autant d'illustrations de l'action sénégalaise dans son voisinage proche.

Par ailleurs, au-delà de cette quête de stabilité et de protection de l'intégrité de son territoire, la consolidation de ses relations avec les pays voisins revêt également pour le Sénégal une importance de différents ordres. Il y a l'importance d'ordre économique, car l'ensemble de ces États sont des partenaires commerciaux importants pour le Sénégal – et inversement. Il y a également l'importance socioculturelle quand on pense aux interactions démographiques et culturelles entre le Sénégal et ses voisins. À titre d'exemple, la diaspora guinéenne au Sénégal est l'une des plus importantes du pays, de même que les Sénégalais sont assez présents au Mali ou en Mauritanie. Une entente cordiale et solide à travers ces différentes diasporas est fondamentale

[28] Les relations entre le Mali et la France n'ont cessé de se détériorer ces dernières années, notamment depuis l'arrivée au pouvoir de la junte en août 2020. Le 16 août 2022, le Mali saisit le Conseil de sécurité des Nations unies en accusant la France de violer son espace aérien et de fournir des moyens et des renseignements aux groupes djihadistes sur son territoire. La France (qui a mis fin à l'opération Barkhane le 15 août 2022) a réfuté ces accusations. Voir par exemple : https://www.rfi.fr/fr/afrique/20220817-le-mali-accuse-la-france-d-armer-les-terroristes-et-saisit-l-onu (consulté le 29 août 2022).

dans la consolidation des relations de bon voisinage que le Sénégal souhaite entretenir avec ces États. En ce sens, au vu de l'importance du président dans la politique étrangère, il est clair que les relations qu'entretient le président Macky Sall avec les dirigeants de ces pays ont un impact sur la nature et la dynamique des relations entre les États.

En 2024, les Sénégalais seront appelés aux urnes pour élire leur président de la République. Un changement de régime conduira vraisemblablement à une évolution – tout au moins dans la forme – de la politique étrangère du Sénégal, et plus particulièrement celle consacrée au voisinage proche. S'il y a continuité du régime en place, il sera intéressant d'analyser comment ce dernier va consolider les acquis et bonnes relations avec les pays voisins et comment il tentera de relever les nombreux défis auxquels il fera face. D'ici là, la diplomatie sénégalaise doit gérer plusieurs enjeux comme la situation en Guinée et au Mali, la consolidation de la stabilité en Guinée-Bissau, entre autres. Il en va de sa sécurité, mais également de celle de la région de l'Afrique de l'Ouest.

Références bibliographiques

ALDEN Chris et AMNON Aran, 2012, *Foreign policy analysis : new approaches*, London, Routledge.

ANTIL Alain, 2018, « La Mauritanie à la veille des élections de 2019 », dans *Diplomatie*, vol. 92 : 35-39.

AUGÉ Benjamin, 2017, « Le Gisement transfrontalier de Tortue. Le symbole d'une relation compliquée entre la Mauritanie et le Sénégal », dans *IFRI, L'Afrique en questions*, n° 40, p ?.

BA Oumar, 2016, « La politique étrangère dans un pays en développement » : 211-230, dans Charlie Mballa and Nelson Michaud (dir.), *Nouvelle Politique Étrangère*, Montréal, Presses de l'Université du Québec.

BAYRAM Mürsel, 2019, « La politique étrangère du Sénégal de Léopold Senghor à Macky Sall », dans *Journal of faculty of economics and administratives sciences of Bartin University,* vol. 10, n° 20 : 225-237.

BBC News Afrique, 2022a, « Tentative de Coup d'État en Guinée-Bissau : le mystère s'épaissit », [En ligne], URL: https://www.bbc.com/afrique/region-60375299 (consulté le 18 juin 2022)

BBC News Afrique, 2022b, « Mali : combien de temps la junte peut-elle tenir sous les sanctions de la CEDEAO ? », [En ligne], URL:

https://www.bbc.com/afrique/region-60056478 (consulté le 18 juin 2022)

BODIAN Mamadou, 2014, « The Stakes of the Malian Crisis in Senegal », dans *Sahel research group,* Paper series n°5,p?.

BODIAN Mamadou et KELLY Catherine Lena, 2018, « Senegalese Foreign Policy: Leadership Through Soft Power from Senghor to Sall » : 327-351, dans Jason Warner and Timothy M. Shaw (dir.), *African Foreign Policies in International Institutions*, New York, Palgrave Macmillan.

BOURGI Albert, 2013, « Les enjeux géopolitiques de la crise malienne », dans *Civitas Europa,* vol. 31, n° 2 : 11-17.

CHAFER Tony, 2003, « France and Senegal : The End of the Affair ? », in *SAIS Review,* vol. 23, n° 2 : 155-67.

CHAFER Tony, 2013, « Franco-Senegalese Relations 2000 -2012 » in *SAIIA Occasional Paper*, numéro 133, [En ligne], URL : https://saiia.org.za/research/franco-senegalese-relations-2000-2012/ (consulté le 10 juin 2022).

COULIBALY Abdou Latif, 2003, *Wade, un opposant au pouvoir: l'alternance piégée?,* Dakar, Editions sentinelles.

DEUTSCHE Welle, 2012, « La junte bissau-guinéenne fait machine arrière », [En ligne], URL: https://www.dw.com/fr/la-junte-bissau-guinéenne-fait-machine-arrière/a-15903558 (consulté le 18 juin 2022).

DEUTSCHE Welle, 2022, « Le Sénégal en médiateur entre Paris et Bamako », [En ligne], URL: https://www.dw.com/fr/mali-france-macky-sall-emmanuel-macron-assimi-goïta-sénégal/a-62947508 (consulté le 29 août 2022).

DIOP Momar-Coumba (dir.), 1994, *Le Sénégal et Ses Voisins*, Dakar, Khartala.

DIOP Momar-Coumba, 2006, « Le Sénégal à la croisée des chemins », dans *Politique africaine,* n° 104, pp. 103-26.

FONTAINE Jacques, ADDI Lahouari et AHMED Henni, 2013, « Crise malienne: quelques clefs pour comprendre », dans *Confluences Mediterranée,* vol. 85, n° 2 : 191-207.

FOUCHER Vincent, 2013, « Le Sénégal de Wade face à la guinée-bissau : pays frère, tuteur ou hégémon ?", *SAIIA Occasional Paper*, n° 139, [En ligne], URL: https://saiia.org.za/research/le-senegal-dewade-face-a-la-guinee-bissau-paysfrere-tuteur-ou-hegemon/ (consulté le 10 mai 2022).

FRANCE 24, 2016, « Macky Sall : « La médiation de la CEDEAO permettra à M. Jammeh d'entendre raison », [En ligne], URL: https://www.france24.com/fr/entretien-france-24/20161216-senegal-macky-sall-dialogue-yahya-jammeh-depart-gambie-cedeao-ua (consulté le 18 juin 2022).

HARTMANN Christof, 2017, « ECOWAS and the Restoration of Democracy in the Gambia », in *Africa Spectrum*, vol. 52, n° 1 : 85-99.

HERMANN Margaret G., 1980, « Explaining Foreign Policy Behavior Using the Personal Characteristics of Political Leaders », in *International Studies Quarterly,* vol. 24, n° 1 : 7-46.

HOLSTI Kal, 1982, *Why nations realign : foreign policy restructuring in the postwar world*, London, Allen & Unwin.

JAIN Pooja, 2013, « Relations Inde-Sénégal : « émergence » d'une diplomatie de la coopération », dans *Afrique contemporaine,* vol. 248, n° 4 : 75-88.

JEUNE AFRIQUE, 2018, « Dakar et Nouakchott s'entendent sur l'achat-vente du gaz issu du projet Grand Tortue-Ahmeyim », [En ligne], URL: https://www.jeuneafrique.com/895148/economie/dakar-et-nouakchott-sentendent-sur-lachat-vente-du-gaz-issu-du-projet-grand-tortue-ahmeyim/ (consulté le 19 juin 2022).

KHAN Mariama, 2019, *The Gambia-Senegal Border: Issues in Regional Integration*, London, Routledge.

KORANY Bahgat, 1986, *How Foreign Policy Decisions Are Made in the Third World. A Comparative,* Boulder, Westview Press.

KORANY Bahgat, 1987, *Analyse des relations internationales : approches, concepts et données*, Montréal, G. Morin.

LA TRIBUNE AFRIQUE, 2018, « Un Champ gazier géant réconcilie le Sénégal et la Mauritanie » [En ligne], URL: https://afrique.latribune.fr/entreprises/industrie/energie-environnement/2018-02-11/un-champ-gazier-geant-reconcilie-le-senegal-et-la-mauritanie-768072.html (consulté le 19 juin 2022)

LE MONDE, 2022, « En Guinée-Bissau, le président échappe à une tentative de putsch », [En ligne], URL: https://www.lemonde.fr/afrique/article/2022/02/02/en-guinee-bissau-le-president-echappe-a-une-tentative-de-putsch_6111977_3212.html (consulté le 18 juin 2022).

MACE Gordon et PÉTRY François, 2017, *Guide d'élaboration d'un projet de recherche,* Québec, Presses de l'Université Laval.

MANGA Mohamed Lamine, 2020, *Gouvernance et luttes d'influences politiques au Sénégal*, Paris, Hermann.

MITTD Sénégal, 2021, « Pose première pierre du pont de Rosso : les Présidents Macky Sall et Mohamed Ould Cheikh El-Ghazouani magnifient l'ouvrage » [En ligne], URL: https://www.mittd.gouv.sn/fr/node/443#:~:text=Les travaux du pont de,et des routes d'accès (consulté le 19 juin 2022)

MORTIMER Robert A., 1996, « Senegal's Role in ECOMOG: The Francophone Dimension in the Liberian Crisis », in *The Journal of Modern African Studies,* vol. 34, n° 2 : 293-306.

PRÉSIDENCE DU SÉNÉGAl, 2020, « Le Président Macky Sall a condamné le coup d'État au Mali" [En ligne], URL: https://www.presidence.sn/actualites/le-president-macky-sall-a-condamne-le-coup-detat-au-mali_2052 (consulté le 19 juin 2022).

RADIO FRANCE INTERNATIONALE, 2020, « Guinée-Bissau: Umaro Sissoco Embalo entame au Sénégal sa tournée des pays amis », [En ligne], URL: https://www.rfi.fr/fr/afrique/20200310-guinée-bissau-umaro-sissoco-embalo-entame-sénégal-tournée-pays-amis (consulté le 18 juin 2022).

SALL Alioune, 2013, « La politique étrangère du Sénégal depuis 2000 », dans *SAIIA Occasional paper*, n° 140, [En ligne], URL: https://saiia.org.za/research/la-politique-etrangere-du-senegal-depuis-2000/ (consulté le 10 mai 2022)

SAMBE Bakary, 2010, « Tidjaniya: Usages Diplomatiques d'une Confrérie Soufie », dans *Politique étrangère,* n° 4 : 843-854.

SCHRAEDER Peter J. et GAYE Nefertiti, 1997, « Senegal's Foreign Policy: Challenges of Democratization and Marginalization », in *African Affairs,* vol. 96, n° 385, : 485-508.

SÈNE Ibrahima, 2013, *La diplomatie sénégalaise de Léopold Sédar Senghor à Abdoulaye Wade: regard d'un chancelier*, Paris, L'Harmattan.

VOA Afrique, 2020, « Bissau: Embalo Se Fait Investir Président Malgré Le Recours de Son Adversaire », [En ligne], URL: https://www.voaafrique.com/a/bissau-un-candidat-à-la-présidentielle-se-fait-investir-malgré-la-contestation/5306601.html (consulté le 18 juin 2022).

WELCH David, 2005, *Painful choices : a theory of foreign policy change*, Princeton (NJ), Princeton University Press.

YANG Yi Edward, 2010, « Leaders' Conceptual Complexity and Foreign Policy Change : Comparing the Bill Clinton and George W. Bush Foreign Policies toward China », in *The Chinese Journal of International Politics*, vol. 3, n° 4 : 415-446.

ZAROUR Charbel, 1986, « La Coopération Arabo-Sénégalaise », dans *Afrique et Développement,* vol. 11, n° 2-3 : 261-287.

Structures éditoriales du groupe L'Harmattan

L'Harmattan Italie
Via degli Artisti, 15
10124 Torino
harmattan.italia@gmail.com

L'Harmattan Hongrie
Kossuth l. u. 14-16.
1053 Budapest
harmattan@harmattan.hu

L'Harmattan Sénégal
10 VDN en face Mermoz
BP 45034 Dakar-Fann
senharmattan@gmail.com

L'Harmattan Cameroun
TSINGA/FECAFOOT
BP 11486 Yaoundé
inkoukam@gmail.com

L'Harmattan Burkina Faso
Achille Somé – tengnule@hotmail.fr

L'Harmattan Guinée
Almamya, rue KA 028 OKB Agency
BP 3470 Conakry
harmattanguinee@yahoo.fr

L'Harmattan RDC
185, avenue Nyangwe
Commune de Lingwala – Kinshasa
matangilamusadila@yahoo.fr

L'Harmattan Congo
219, avenue Nelson Mandela
BP 2874 Brazzaville
harmattan.congo@yahoo.fr

L'Harmattan Mali
ACI 2000 - Immeuble Mgr Jean Marie Cisse
Bureau 10
BP 145 Bamako-Mali
mali@harmattan.fr

L'Harmattan Togo
Djidjole – Lomé
Maison Amela
face EPP BATOME
ddamela@aol.com

L'Harmattan Côte d'Ivoire
Résidence Karl – Cité des Arts
Abidjan-Cocody
03 BP 1588 Abidjan
espace_harmattan.ci@hotmail.fr

Nos librairies en France

Librairie internationale
16, rue des Écoles
75005 Paris
librairie.internationale@harmattan.fr
01 40 46 79 11
www.librairieharmattan.com

Librairie des savoirs
21, rue des Écoles
75005 Paris
librairie.sh@harmattan.fr
01 46 34 13 71
www.librairieharmattansh.com

Librairie Le Lucernaire
53, rue Notre-Dame-des-Champs
75006 Paris
librairie@lucernaire.fr
01 42 22 67 13

www.ingramcontent.com/pod-product-compliance
Lightning Source LLC
LaVergne TN
LVHW021222061026
849535LV00008B/2862